JN408854

문학공원 산문선 52

죽음을 건너온 이발사

글 · 이현재

문학공원

책을 펴내며

그간 정말 파란 많게 살아왔다
아내도 먼 나라로 떠나고
하나뿐인 아들도 돌아오지 못할 길을 떠났다
나는 뇌졸중으로 불구가 됐다
그러나 나는 희망의 끈을 놓지 않았다
희망이란 내가 가진 모든 것이었고
내가 남들에게 나눠줄 수 있는 최고의 자산이었다
지금도 나는 불편한 손과 다리를 이끌면서
이발소에서 머리를 깎는다
불우한 이웃을 위하여
내가 할 수 있는 것이 무엇인가를 고민한다
그래서 나는 행복하다
죽음을 건너온 나의 이야기가
여러 사람들에게 희망이 되었으면 좋겠다

2020년 초가을

통일이발관에서 이 현 재

[서문]

죽음과 좌절, 그 격랑의 파도를 헤치며 나보다 어려운 이웃을 위해 앞장서온 분

김 순 진(문학평론가 · 고려대 평생교육원 교수)

지난 6월 포천문인협회 회장을 역임한 박혜자 전 회장님으로부터 포천 가산면에 글을 잘 쓰시는 분이 있으니 책을 내날라는 소개 전화가 왔다. 약속을 정하고 포천의 박혜자 전 회장님 모시고 가산으로 향했다.

목적지에 도착하니 가산면 소재지의 한 골목이다. 통일이발관이란 간판이 걸려 있다. 문을 열면서 노신사 한 분이 나오시는데 불편하시다. 나는 그냥 "이 이발관에서 소개하기로 한 사람을 만나기로 한 모양이다."라고 생각했다. 그런데 박혜자 회장은 이발사를 그분이라고 소개한다. 그분은 한 쪽 다리와 한 쪽 손이 불편해보였다. 그런데도 이발관을 운영한다는 말에 나는 적이 놀랐다. 그는 뇌졸중으로 쓰려졌다가 아직 완치되지도 않았는데 이발관을 운영하고 있었다. 혼자 몸을 유지하기도 어려운 상황에서 대단한 투혼이라 느껴졌다.

이발관 내에는 그가 받은 상장을 카피해 붙인 액자와 그의 젊은 시절 사진 등의 액자 몇 개가 붙어 있었다. 다가가 자세히 살펴보니 그는 문학전문지 <윌더니스>에서 수필가로 등단한 문인이었고, 젊었을 때 상당히 잘 생긴 미남이셨다. 여러 가지 굵직굵직한 표창장도 보였다. 참 열심히 살고 계신 분이구나 속으로 생각하면서 그가 내민 원고뭉치를 받아들어 주욱 훑어보았다. 대부분 포천신문에 기고했던 글을 스크랩하여 모아둔 원고들이었다.

원고는 모두 타이핑을 해야 될 것들로만 이루어져 있었다. 아마도 그가 포천신문 등에 원고를 낼 때 어떤 한 분이 수고를 해주셨을 것 같다. 그 생각을 하니 박혜자 전 회장님의 숨은 수고에 고마움이 느껴졌다.

나는 이 책을 타이핑하고 편집하면서 정말 많은 것을 배웠다. 그는 아내를 먼저 하늘나라로 떠나보냈다. 게다가 하나뿐인 아들마저 오인으로 인해 죽음을 당하였는데, 이를 원수도 사랑하라는 하나님 말씀에 따라 청와대에 탄원서를 보내 용서를 해준 정말 마음이 큰 사람이었다.

그에게는 세 가지 원칙이 있다. "가정을 위해 땀을 흘려야 한다. 이웃을 위해 눈물과 봉사를 하게 나누어야 한다. 나라를 위해, 몸과 마음을 바쳐야 한다."가 이현재 작가의 삶의 3대 원칙이다.

불구의 몸으로 그가 그렇게 많은 봉사를 하는 줄은 몰랐다. 그는 평생봉사를 실천하고자 노력하고 있다. 비록 몸은 장애인이지만 마음만은 건강하고 부자다. 그래서 그는 포천시 가산면의 한 골목에서 통일이발관이라는 작은 이발관을 경영하면서 나라나 이웃을 위해 할 수 있는 일이라면 무엇이든 발 벗고 나선다.

그동안 그는 보육원, 양로원, 배달 소년들에게, 계란 등 생필품들을 전달하기도 했고, KAL기 폭파 소련 단행사건 때에는 울분을 참지 못하고 그들을 규탄하는 혈서를 쓰기까지 했다. 단칸 전세방을 살면서도 대는 방위성금, 수재의연금 등 각종 성금대열에 빠지지 않았고, 불우이웃돕기 성금에 아내의 결혼반지를 기탁하기도 했다. 또 생일잔치 소요경비 20만원을 방위성금에 기탁하는 등 성금접수 영수증이 수두룩하다. 또 매주 운천리 보화보육원에 운동화 등을 전달하고 원생들의 이발을 해주어 수많은 감사의 편지가 끊이지 않는다고 한다.

이 책의 뒷부분의 화보에도 나오지만 그는 경기도지사 선행 표창과 감사장, 포천군수 표창 2회 , 환경운동본부장 표창, 등 수많은 표창과 감사패를 수상했다.

현재도 그는 불우이웃돕기, 거택보호자 돕기, 소년소녀가장 돕기 자매결연 운동 및 태극기 보급운동, 교회초청 신앙 간증, 환경운동 쓰레기 줍기, 뿌리찾기운동, 질서의식 고취, 나라사랑마음찾기 운동 등 다각적인 봉사활동을 계속하고 있다.

이 책은 크게 6부로 나뉘어져 있다.

1부는 그가 뇌졸중으로 쓰러져 오랜 시간동안 병상을 보전하면서 겪은 우울증을 치유해나가는 이야기로 꾸며졌다. 어떻게 자살을 시도하기도 했던 사람이 다시 재기하여 봉사활동을 하는 장애자들의 아이콘이 될 수 있었는지 찬찬히 읽어보니 정말 눈물겨운 삶이었다. 2부는 이발소를 운영하면서 겪은 에피소드와 사람 사는 이야기들이 가슴 훈훈하게 쓰여져 있다. 3부는 그가 생각하는 인간의 관상학을 기고했던 글로써 재미와 삶의 지혜가 함께 녹아 있어서 독자의 눈길을 끈다. 4부는 그가 포천신문 등에 기고한 글로써 남의 아픔이나 선행을 가만히 보지 않고, 눈여겨보았다가 함께 슬퍼하고 함께 기뻐하는 그의 신앙적인 사랑이 녹아 있다. 5부는 그동안 이현재 작가가 해온 봉사활동에 대한 기사들로 모아져 있는데, 자기 아들을 살해한 장기수를 사랑의 마음으로 용서해주고, 그것도 모자라 자기의 아들이 돼달라고 했다는 이야기 등 평범한 사람으로서는 도저히 이룰 수 없는 비범한 사랑이야기가 그를 존경하게 한다. 6부는 그동안 그가 써온 시로 구성되어 있다. 평소 그가 얼마나 문학을 좋아했는지 이 책 속의 소시집을 접하면 알 수 있을 것 같다.

이현재 작가의 문학을 한 마디로 말한다면 "죽음과 좌절, 그 격랑의 파도를 헤치며 나보다 어려운 이웃을 위해 앞장서온 용서와 화해의 문학"이라 할 수 있겠다. 그는 몸이 불편하고 혼자 살고 있지만 매우 건강한 정신을 지녔다. 1945년생, 우리 나이로 76세인 그는 지금도 어떻게 하면 봉사의 손길을 더할 수 있을까에 대한 꿈을 꾼다. 그리고 보다 맑고 밝은 사회를 만드는 희망에 부풀어 있다. 그가 이렇게 건강한 마음으로 글을 써올 수 있었던 것은 그의 정신세계에 밑바탕이 되어주는 독실한 크리스천 신앙생활과 봉사정신으로 무장되어 있기 때문이라 할 수 있다.

문집 상재를 진심으로 축하드린다.

CONTENTS

책을 펴내며 3

서문 / 김순진 문학평론가 4

1부 우울증 치유 이야기

하늘이 무너지던 날 16

투병생활의 시작 18

자살을 시도하다 20

이발 일을 다시 시작하다 22

병원비를 감당할 수 없어 퇴원하다 24

하늘나라로 떠난 아내 26

막노동판에서 아버지 병원비 버는 아들 28

장애인협회 포천지부 고문을 맡다 30

아들의 등록금을 걱정하다 32

장애우들과 잠실야구장에서 야구를 관람하다 34

장애인의 날 행사를 독자적으로 치르다 36

봉사하는 기쁜 마음 38

청와대 효도관광 40

모범장애인 선정돼 포천신문에 보도되다 42

김대중 대통령님 오찬에 초대받다 44

아들 정호의 결혼, 뜬눈으로 밤을 새다 46

아들 정호가 새신랑이 되던 날 48

겨울과 함께 온 어려움에도 '감사' 50

장애인의 날, 희망찬 내일을 설계하다 52

베풀수록 커지는 '사랑과 기쁨' 54
추운 겨울, 어여쁜 손녀딸의 탄생 56
'2012 장애인의 날' 감사의 눈물 흘리다 58
화려했던 손녀의 돌잔치 60
불우이웃과 함께한 환갑잔치 62
아들과의 이별, "꿈이라면 얼마나 좋을까" 64
목이 터지게 부르지만 아들은 대답이 없다 66
목이 메어 찬송도 부르지 못하고 68
뜬눈으로 지새우며 우는 날은 계속되고 70
'용서! 용서! 원수를 사랑하라' 72
우울한 마음 다 버리고 뚜벅뚜벅 주님 앞으로 74
용서하는 마음속에 사랑과 평화의 꽃 피어 76
큰 상을 받으니 어깨가 무거웠다 78
일주일도 안 돼 또 시장의 표창을 받고 80
참세상의 기쁨을 누리고 살아가는 것을 82

CONTENTS

2부 죽음을 건너온 이발사

불쌍한 처를 주님 보살펴 주소서 86
형 이제는 형제한테 의지할 생각하지 마 89
버팀목이 되어주던 아내의 빈자리 92
장애인협회 고문 제안은 새로운 전환점 94
여보, 내일이면 사랑하는 아들 정호가 결혼을 한다는데 96
이웃을 돕고 싶지만 도울 방도가 없었다 101
내가 팔자 좋은 사람이라고 환갑을 하느냐 107
봉사라는 여행은 천국보다도 좋아 111
이발로 어려운 사람에게 봉사하는 삶 114

3부 이현재의 관상 이야기

점과 사마귀 120
유방상 121
배꼽상 123
수상 〈손금〉 124
족상 〈발〉 126
두상 〈머리〉 128
꿈 〈해몽〉 130

4부 기고글

봉사하는 기쁜 마음 134
효자다리의 전설 136
나라사랑 하는 마음 138
막걸리에 대한 전설 142
'사랑의 등불'을 밝힐 수 있다면 144

5부 이현재 신문기사

평생 봉사를 생활 속에서 실천한다 150
'아들 살해한 장기수에 아들 돼 달라' 영치금 보내 153
사랑을 실천하는 善行 공무원 155
포천신문 노인 명예기자단 제34차 임원회의 156
외로운 이웃에게 사랑을… 158
자비로 장애인들 한마당 잔치 열어 159
장애인한마음대회 자리 마련 161
모범장애인, 유공자 도지사 표창 162
이현재 통일이발관 대표, 경기도의회 의장상 수상 164
장애인이 장애인의 날 잔치 마련 화제 165

CONTENTS

6부 이현재 소시집

성령을 받으면 168
원두막 170
촛불 172
거울 173
나는 누구인가 174
나의 가슴 175
추억 176
사랑 177
구름 178
장애인 179
상처 180
나 181
하늘나라 여행 182
가을길 183
허물 184
마음의 꽃밭 185
행복의 문 186
보름달 187
사랑과 나눔 188
세상을 바꾸자 189
참보약이란 190
비판과 칭찬 191
두려움이란 192

원망과 감사 193
원수와 은혜 194
마음의 향기 195
친구 196
마음의 때 197
말없이 떠나간 당신 198
칭찬하는 마음 200
아름다운 마음 201
삿갓 쓰고 안전지도 202
보고 싶은 아들 203
바다와 바위 204
주는 기쁨 205
꿈과 그리움 속으로 206
나눔의 행복 207
가을 208
봄바람 209
눈물 210
따뜻한 세상 211
소 212
초가집 213
하늘나라에 계신 당신에게 214
내가 행복한 이유 215
가산실버대학 교가 216

1부

우울증 치유 이야기

하늘이 무너지던 날

1993년 3월 24일 새벽 6시 30분 경 아침 잠자리에서 일어나려고 하는데 온몸은 점점 마비가 되면서 움직일 수 없었다.

"정호야, 정호야."라 부르면서 아내를 부르니 아내는 식사를 하다 말고 와서 "여보 왜 그래?"라고 하길래 "몸이 말을 안 들어 좌측 팔다리가 마비가 된다."고 했다.

아내는 급히 택시를 잡으려고 밖으로 나갔다.

마침 이웃에 사는 문성이라는 후배가 자기 자동차로 의정부 새서울병원으로 급히 후송했고 온몸에 링거주사를 꽂은 상태에서 몸은 점점 마비되면서도 정신은 맑아졌다.

시간은 벌써 오전 11시 작은 형님이 연락을 받고 병원에 도착해 형수한테 연락을 하여 봉고차로 서울 연희동 동서한방병원으로 급히 후송되어 가는데 하늘도 슬펐는지 구슬비는 하염없이 내렸다.

도착을 하니 벌써 오후 2시, 응급실에서 응급조치를 하고 2층 병실에 누워 있는데 문래동 동생 달재, 학재, 누님 등 가족들이 연락을 받고 달려왔으나 몸은 이제 움직일 수도 없는 반신불수가 됐다. 대소변을 받아내야 하는 내 신세가 도무지 믿어지지 않았다.

이게 꿈인지 생시인지 도무지 알 수 없었다.

1993년 5월 27일. 동서한방병원 5층 50호실 입원을 하며 지루한 투병생활을 시작했다. 이따금 선생님이 침 몇 대 찔러주고 가지만 마비된 몸은 꼼짝을 할 수가 없었다.

그러기를 일주일. 나를 간병하느라 지쳐서 파김치가 된 채 짜증 한 번 안 부리고 있지만 아내의 힘들고 지친 모습을 바라보니 눈물만 흐르는 심정이었다. 지루한 투병 생활을 이겨내려고 같은 병원 정태경, 조명자, 김교삼 등과 살아온 세월 이야기를 하면서 함께 눈물도 흘리고 내 육신에 찾아온 변화를 이겨내기 위해 남몰래 흘린 눈물이 얼마였는지……

오늘은 결혼한 지 22주년 되는 날(1975년 3월 1일 결혼) 문득 아내 생각이 나서 간절하게 몇 자 적어본다.

투병생활의 시작

내 마음은 더욱 서러웠다. 편구, 인채, 영복 등 주위 사람들이 병문안을 왔지만 마비된 몸을 보이기가 심히 꺼려졌다. 무거워져 가는 몸을 원망하며 찬송가, 성경책을 끌어안고 눈물로 불러보는 찬송가다.

그러나 한 번 망가진 몸은 도무지 회복될 기미가 보이지 않았다. "주 나를 박대하면 나 어디 가리까?" 눈물로 눈물로 찬송가를 부르지만……. 답이 나오지 않는다. "주여 이제 저의 영혼을 거두어가소서. 못난 남편을 간병하라 파죽음 되어 있는 불쌍한 저의 처를 주님 보살펴 주소서." 나는 차라리 죽고 싶었다. 약하디 약한 처의 몸무게는 38킬로 정도였다. 못난 남편을 간병하느라 전신이 만신창이가 된 사랑스런 아내의 두 뺨에 하염없이 눈물이 흘러내린다.

투병 생활은 이제부터다. 병석에 누워 있으니 몸은 점점 굳어지고 머리는 어지럽고 몸은 천근만근 발 한 발짝 떼는 것이 쌀 한 가마니 짊어진 것보다 몇 배 힘이 들고 하루하루 산다는 것은 지옥세상에 있는 느낌이다.

찬송가와 성경책을 끌어안고 눈물로 기도하며 '주 나를 박대하면 나 어찌 하오리까 주여……. 주여……. 이 죄인의 영혼을 어서 거두어

가시오'라 하면서 기도를 드리며 농협 앞마당 20미터만 가도 걸을 수 없는 몸이다.

눈물은 흘러흘러 손수건도 흠뻑 젖고 콧물범벅, 눈물범벅 된 내 얼굴, 전신이 만신창이가 된 몸이다. 농협 수돗가에 앉아 있으니 전에는 형님, 아우 하던 친한 사람들도 나를 멀리하는 것을 뼈저리게 느낀다.

세상사람 모두가 다 외면 하지만 우리 주님은 저를 외면하지 않고 조금이나마 마음의 안녕을 주신다. 주님, 나의 사랑하는 주님! 고맙습니다.

자살을 시도하다

1993년 7월 14일 가산면 금현3리 송병호 친구가 세상을 떠났다는 소식을 전해 듣고 송우리에서 금현리 친구 가정을 방문해 조문했다. 내 처지를 되새기며 지팡이를 짚고 슬프게 울었다.

근처 초등학교를 오가며 운동을 계속 하지만 마비된 몸은 좀처럼 회복될 기미를 보이지 않는다. 오른쪽 다리 힘으로 왼쪽 다리를 질질 끌면서 다니는 것이 지금 내 처지다. 가산면사무소 뒷산을 오르다가 힘이 들어 처와 함께 나무 밑에 누워 있노라면 내 처지가 한심하고 답답하다. 게다가 전화 한 통 찾아오는 사람 없어 외로움만 더욱 커진다.

사랑과 은혜가 풍성하신 주 여호와 아버지 하나님! 이 죄인은 천벌을 받아 마땅한 죄인이지만 형제가 보고 싶습니다. 주님 육신의 형제 마음을 감동시켜 저를 찾게 하여주시옵소서. 아무리 기도를 하여도 찾아오는 형제가 없어 저를 더욱 더 외롭게 만듭니다.

매일 매일 눈물을 흘리다보니 처는 저를 보고 울보라고 하면서 저를 따라 울기만 합니다. 마비된 근육이 제 역할을 하려면 뼈를 깎는 고통을 감내하여야 합니다. 비 오는 날에는 비옷을 입고 운동을 나가곤 합니다. 183cm에 82kg 육중한 몸으로 흔들거리며 걸어가는 나의 모습은 이루 말을 할 수 없습니다.

생명이 무엇인지 농협마당을 돌다가 문득 농약을 먹고 자살기도를 하려고 해도 기회는 도무지 오지 않았습니다. 도저히 살아갈 용기가 나지 않아서, 한 번은 면사무소 뒷산에 올라가 목을 매서 자살하려다 나무를 끌어안고 대성통곡을 하니 여름 산새들도 저를 따라 우는 소리가 들렸습니다.

49세 한창 나이에 세상을 떠나려고 마음먹으니 얼굴에 눈물범벅이 되어 흘러내립니다. 하루는 이주기 목사님이 찾아오셔서 기도를 해주셨습니다. 그리고 목사님께 면담을 청했습니다. '목사님 저는 형제가 보고 싶어 죽겠습니다. 헤어져 있어도 볼 수 있도록 기도를 해주십시오.'하고 간청을 했습니다.

그러나 등을 돌린 형제들은 목사님의 기도에도 아랑곳하지 않고 저를 찾지 않았습니다. 하루 속히 완쾌시켜 달라고 오늘도 주님께 매달려 눈물로 눈물로 기도합니다.

이발 일을 다시 시작하다

그 무렵 저의 처는 38kg밖에 안 되는 약한 몸에 사리돈 중독으로 시달렸습니다. 아들은 강원도 상지대학교에 야간을 다니면서 주간에는 화장지 공장에 취업하여 학비를 벌어서 보태였습니다. 이 모든 것을 보고 있는 가장인 본인은 얼마나 괴롭겠습니까? 저의 마음은 칼로 도려내는 것 같은 고통을 감내해야 했습니다. 약한 몸으로 50만원의 봉급을 받아 저의 손에 쥐어주는 저의 처를 보는 본인은 정말로 죽고 싶은 심정이었습니다. 이렇게 괴로운 심정을 누가 알아주겠습니까?

저의 처는 저를 보고 울보라고 놀리곤 했습니다. 시간이 지날수록 통장의 돈은 바닥이 나고 밀릴 때도 있었습니다. 어느 날 학생 2명이 찾아와서 이발을 한다길래 돈이 떨어져서 운동장을 돌면서 음료수 한 병 사먹지 못한 생각이 나서 억지로 이발을 해주어서 8천원을 벌었습니다.

식구한테 8천원을 벌었다고 이야기하는데 학생 부모한테서 전화가 왔습니다. 학생머리 망쳐놨다고 불벼락 같은 항의가 왔습니다. 잘못했다고 사과를 하고 다음날 고쳐준다고 통사정을 했습니다. 그 학생머리를 다듬어주고 나니 몸과 마음은 천근만근 더 무거웠습니다.

이런 일이 있은 후부터는 요금은 50%를 받고 면도는 못한다고 양해를 구했습니다. 이발을 한다고 하는 손님만 오면 마음은 덜컹 덜컹 떨렸습니다. 몸은 말을 안 들었으니 심정은 괴로울 뿐 하나님께 기도를 올립니다.

"사랑과 은혜가 풍성하신 아버지 하나님 이 죄인을 용서하여 주소서 이 몸이 완치되면 이웃과 나라와 모든 이를 위하여 남은 생애를 열심히 살겠노라고 주님께 눈물로 기도를 드립니다. 고통에서 벗어나려고 찬송가를 부르면서 주님만 의지하겠노라" 눈물로 눈물로 기도만 했습니다.

1994년 9월 1일부터 이발 일을 다시 시작했습니다. 마비된 몸으로 이발을 하니 손님머리를 망쳐서 혼도 많이 났습니다. 어떤 손님은 본인이 안타까워서인지 만 원짜리를 주고 가시니 당장 어려운 살림에 큰 보탬이 됐습니다.

그런대로 세월은 흘러 흘러 아들 정호가 의경으로 입대하기 위하여 떠났습니다. 떠나는 날 억장이 무너지고 가슴 아픈 사연 어찌 글로 표현을 할 수가 없습니다.

이런 모든 아픔을 뒤로 한 채 1993년 9월 금현리 가옥을 처분하고 마산리에 땅을 구입해 1997년 7월 19일 주택을 완공하고 처와 즐거운 마음으로 입주 잔치를 벌였습니다. 많은 주위 분들이 축하해 주었습니다. 그나마 이런 조그만 행복은 어두운 나의 삶에 한 줄기 빛이 됩니다.

병원비를 감당할 수 없어 퇴원하다

내 몸이 약하고 병들어 있을 때 찾는 것은 우리 주님과 목사님뿐이었습니다. 하루는 목사님께서 찾아와 "성경을 품에 안고 눈물로 주여 나를 구하여주십시오."라고 할 때 흘러내리는 눈물을 훔치며 내 손을 꼭 잡았다. 매일 물리치료를 하였지만 큰 차도가 없었다.

그러나 아내가 옆에서 지켜주고 있었기에 마비된 다리를 질질 끌면서 아내 어깨에 기대어 지하실 물리치료실로 다니면서 투병생활을 했다. 5월 3일 투병생활 중 처음 병원마당으로 나와 태양을 바라보니 태양에 눈이 부시고 어지러워 다시 병실로 돌아오곤 했다.

내 형편에 1주일 50만 원씩이나 하는 병원비를 감당하기 어려워 병원에서 더 치료를 해야 한다는 원장 선생님의 만류를 뿌리치고 5월 18일 퇴원을 하여 집으로 돌아오는 몸은 더욱 악화되어 이제는 죽는 것이 아닌가 하는 생각이 엄습해왔다.

문병 온 큰형님의 형수도 나를 보는 눈이 사람도 짐승도 아닌 내 모습에 '동생을 잃었구나!'하는 눈빛 같았다. 산다는 것이 무엇인지 돈이 무엇인지 내 나이 49세 한창 열심히 살 나이 몸은 불구가 되어 육신의 형제도 포기했다는 느낌이었다. 절망의 세계로 자꾸만 가는 것이 더욱 힘들었다. 아내 또한 고3인 아들을 돌보기 위해 병원에서 이틀 집에서 이틀 왕래하는데 내가 내 곁에 모든 사람을 고생시키는구나하는 생각만이 나를 지배했다.

"주여! 차라리 저의 생명을 거두어 가십시오."하고 기도를 드리다 잠들었다. 깨어보니 또다시 몸은 마비되어 움직일 수 없는 현실. 비싼 병원비를 감당 못해 5월 27일 동서한방병원에서 퇴원하는데 동생 달재가 승용차로 집에까지 모셔다준다 하길래 '그래도 형제가 정말로 좋구나'라고 생각하는데 차안에서 "형 이제는 형제한테 의지할 생각 하지 마."라고 하는 말에 당장 차안에서 뛰어내리고 싶은 심정이었다.

말을 듣지 않는 내 육신의 몸 원망스러워 한 숨만. 수십억대의 재산을 소유한 아우이지만 돈만 알고 형제를 모르는 아우가 원망스러워 눈물만 흘리면서 할 말을 못하고 집에 도착하니 차디차고 썰렁한 집이다. 그야말로 저승을 다녀온 심정이다.

서러운 생각 다 묻고 이겨내겠다는 생각에 청소 빗자루를 잘라 지팡이를 만들어 화장실도 다니고 하지만 병원에서는 잘 걸어 다녔는데, 집에서는 왜 이리 힘이 드는지 치료도 못하고 침도 맞지 않으니 몸은 천근만근이다.

하늘나라로 떠난 아내

힘들었던 시절의 옛날얘기를 하면서 찹쌀떡을 꺼내 처는 1개를 먹고 저에게는 4개를 먹으라고 한다. 그렇게 저를 위하여 아낌없는 마음 주고 정을 준 아내를 생각하니 가슴이 답답하고 눈물이 앞을 가로막아 글을 쓸 수가 없다.

그런 처가 하늘나라로 떠난 지 4개월 하고도 3일 되는 날이었다. 1993년 12월 5일 남가좌동 형님이 김 권사를 모셔 왔다. 내가 '병나기 전 빌려준 돈을 안 갚으면 고소한다'고 하니 온 것이다. 달재 아우가 병원에서 퇴원하여 집으로 오는 차안에서 '형 이젠 형제들한테 의지할 생각 하지 말라'고 한 말을 하였더니 형님은 큰소리로 고함을 지르면서 형제간에 큰 싸움만 벌어졌다. 그 과정에서 나는 혈압이 상승하여 죽을 고비를 겨우 넘겼다.

병들어 장애가 생긴 아우를 두고 그렇게 싸움만 하니 이 심정을 어찌 글로 표현할 길이 없다. '주여. 주여. 차라리 하루 빨리 저의 생명을 거두어 가소서.'하면서 눈물로 기도를 돌려도 소용없고 지루한 투병생활은 계속됐다.

투병생활에 피눈물 나는 고생은 계속되었지만 누구 한 사람 찾아와서 위로하는 사람이 없고 오직 우리 주님만 저를 보호하시고 인도

했다. 오직 우리 주님만 의지하고 투병 생활하는 것을 이 글로 다 옮길 수가 없다. 차라리 하루속히 하늘나라로 가고픈 심정을 어찌 표현할 길이 있을까? 1994년 1월 1일 새해아침 형제들은 우리 집에 모여서 신년 새해예배를 올렸다.

어찌하여 나만 이 몹쓸 병에 걸려 이런 고생을 해야 하는가? 너무 원망스러워 눈물만 흘렸다.

명절날 형과 아우가 위로금을 주고 갔다. 없는 살림에 치료비로 사용할 수 있어 너무 고마웠다. 그런대로 명절을 보내고 추운 엄동설한에 가산면 경복중학교 운동장에서 주기도문을 외우면서 밤마다 열 바퀴 이상을 돌았지만 회복은 되지 않았다.

아들 정호는 밤마다 내 몸을 주무르고 처는 대소변을 받아주면서 고생만 했다. 또한 치료비를 보태겠다고 가산면 방축리 신발공장에 취업해 출근했다.

처가 너무 고생을 하여 너무나 괴로웠다. 처가 안쓰러워서 퇴근할 때 쯤 1.5km 떨어진 곳까지 마비된 다리를 질질 끌면서 마중을 나가면 처는 '왜 나왔느냐?'고 야단을 치지만 함께 걸어오는 그 길이 너무 고맙고 행복했다.

막노동판에서 아버지 병원비 버는 아들

전역하고 돌아온 아들 정호는 15일 정도 집에서 휴식을 하고 아버지의 병원비와 생활비를 충당하려고 인력시장으로 노동판으로 일을 나갔다.

하지만 다소나마 안정되어가는 가정에는 청천벽력과 같은 날벼락이 떨어졌다. 그동안 나의 병수발을 하며 가정을 이끌어 오던 사랑하는 아내가 10월 31일 아침 9시 30분 저혈압으로 운명을 달리했다.

하늘이 무너지고 땅이 꺼지는 아픈 그 심정을 글로 표현할 길이 없다. 쓰러진 아내를 부둥켜안고 대성통곡을 해봐도 싸늘하게 식어가는 아내는 영영 내 곁을 떠나고 말았다. 노동판에서 생활비를 벌어 보겠다고 나간 정호는 엄마의 사망소식을 듣고 달려와 목 놓아 대성통곡을 하지만 싸늘하게 식어가는 엄마는 말 없이 세상과 이별을 했다.

11월 2일 가족 친지들이 모여 집 근처 있는 공동묘지에서 아내의 상여가 떠나가는 모습을 보면서 장례식장은 온통 울음바다로 변했다. 이 슬픔과 아픔 어떻게 표현해야 할까?

사랑하는 아들 정호와 이 못난 남편을 버리고 한 많은 세상을 하직하고 말없이 떠나고 말았다. 장례를 마치고 매일 아침이면 산소를 찾아가서 하나님께 기도를 올렸다.

"주여! 이 죄인의 죄를 용서 하시옵소서."

무덤 앞에 꿇어앉아 기도를 올리면서 이승에서 못다 한 사랑을 하늘나라에서 마음껏 사랑할 것을 맹세했다. 눈물이 하염없이 흘러내렸다.

처가 살아생전 감을 잘 먹고 좋아하길래 산소 위에 감을 놓아두었더니 까치가 쪼아 먹었다. 그래서 나는 마음속으로 '까치야, 까치야 하늘나라에 가서 정호 엄마랑 같이 나누어 먹어야 한다'고 외쳤다. 가슴이 쓰리고 억장이 무너지는 느낌이다.

12월 12일 드디어 어느 정도 마음의 평온을 찾았다. 이제는 어려운 이웃을 위해 무엇인가 도움이 될 일을 해보자는 생각으로 설 명절에는 기초생활수급자, 장애인 등 50여 명의 이발봉사를 했다.

새로운 봉사 생활을 할 수 있도록 인도하시고 저의 갈 길을 밝혀 주시는 하나님 아버지께 눈물로 눈물로 감사를 드렸다.

장애인협회 포천지부 고문을 맡다

1998년 새 학기에는 농협에서 대출을 받아 아들을 강원도 상지대학에서 대진대학 행정학과 2학년에 편입을 시켰습니다. 야간대학교 편입 후 아들은 낮에는 대진대학 구내식당에서허드렛일을 하면서 시간당 3천 원씩 받으며 아르바이트를 했고 밤에는 수업을 받았습니다. 토요일과 일요일 등 수업이 없는 날에는 송우리 인력시장에 나가서 일을 하며 학비를 보탰습니다.

예전이나 지금이나 장애인을 등한시하는 풍토입니다. 아카시아 꽃이 시들어가는 늦은 봄, 무거운 몸으로 억지로 손님 몇의 머리를 이발하니 피곤한 듯해서 잠깐 잠이 들어 있는데, "정호야, 정호야."하면서 잠을 깨우기에 눈을 떠보니 나이가 들어 보이는 장애인이 목발을 짚고 찾아와서 "이현재 씨이십니까?"라고 물었습니다. 이에 그렇다고 하니 명함을 건네주었습니다. 받아보니 포천지체장애자협회에 김영환 회장님께서 저의 업소를 방문한 것입니다.

저는 장애자협회도 모르고 협회가 있는지도 모르는데 회장님께서는 저를 잘 안다고 말씀을 하시며 많은 봉사활동을 하신다는 소식을 접했다고 하시면서 사무실을 한 번 방문해달라고 하는 권유를 받았습니다. 며칠 후에 후배 박은배와 같이 신북면에 위치한 장애인재활

작업장을 방문하니 회장님께서는 저를 반갑게 맞으시면서 장애인들의 생활상 애로에 대한 많은 이야기를 나누었습니다.

저에게 장애자협회 고문을 맡아 같이 일을 하자고 권유하는데, 저는 부족하여 저 같은 사람이 무슨 고문을 맡느냐고 사양하니, 계속된 권유에 못 이겨 허락을 했습니다.

며칠 후에 다시 후배의 승용차편으로 재활작업장을 방문할 때 가진 돈이 없어, 하루에 천원, 2천 원씩 따로 챙겨두었던 돈으로 요구르트와 빵 등을 사가지고 장애인협회 사무실에 도착해보니 지팡이 1개를 사용하는 분, 지팡이 2개를 사용하는 분, 휠체어만 사용하는 분 등 비록 몸은 장애지만 얼굴들은 모두 밝아 보였습니다. 저를 보고는 다들 반가워하는 기색이 역력했습니다.

저는 지팡이 하나를 짚고 다니면서 작업을 하는 여장애인의 등허을 두드리며 "당신은 큰 하나님의 축복을 받은 분이니 하나님께 감사한 마음을 가지라."고 말하니 저의 얼굴을 쳐다보시더군요.

아들의 등록금을 걱정하다

저를 이상한 눈초리로 쳐다보기에 저는 웃으면서 옆에서 작업하는 장애인을 가리키면서 저분은 지팡이를 두 개나 짚고 다니지만, 저는 지팡이를 하나만 사용하며 생활을 하니 행복한 사람이라고 말하니, 그분은 한참동안 말이 없다가 하는 소리가 "고문님의 말씀이 맞다."며 빙그레 웃는 모습이 지금도 눈에 선합니다.

지팡이를 2개 사용하는 분, 휠체어를 타는 분께 "당신은 하나님의 큰 축복을 받았다."고 하니 성난 얼굴로 저를 노려보더군요. 저는 허허 웃으면서 "우리 포천에는 누워서 움직이지도 못하는 장애인이 몇 백 명이에요."라고 말하면서 휠체어를 타고 작업장에 나와 돈도 벌고 친구도 많지 않느냐며, 자유롭게 생활하는 것도 큰 축복 중에 축복이라고 말을 건네면서 자신감을 심어줬습니다. 그리고 세상에서 큰 일을 하는 장애인 몇 분을 소개하니 금방 얼굴에 밝은 미소를 지으면서 "고문님의 말씀이 맞다."고 합니다.

저는 시간 나는 대로 가끔씩 빵 몇 개와 요구르트를 가지고, 장애인 작업장 쉬는 시간에 방문을 하면 장애인들은 저를 보고 반가워서 박수를 칩니다. 아름답고 귀한 사랑은 나누면 나눌수록 커지는 진리, 불평도 나누면 나눌수록 커지는 진리를 생각하면서 아들과 오늘도 대화를 나누곤 합니다. 잠시 화장실에서 일을 보는데 아들이 "아빠, 아빠" 찾는 소리가 들립니다. 엄마가 없으니, 지금은 나갔다 돌아오면 아빠를 찾는 모습에 가슴이 찢어지는 느낌입니다.

너무너무 힘들 때에는 새벽에 깨어나서 무릎을 꿇고 하나님께 기도를 올립니다.

"하나님! 저에게는 건강, 물질이 없어 너무 힘이 듭니다. 하나님께 눈물로 기도를 올려 봅니다. 오늘은 미용기구를 챙겨 신북 장애인 작업장을 방문하면서 빵, 요구르트 몇 개를 가지고 작업장에서 일하는 장애인에게 미용봉사를 했습니다."

집으로 돌아와서 식사준비를 하고 저녁을 아들과 함께하는데 아들이 등록금 이야기를 하기에 "알았어." 대답은 하였지만, 등록금 마련을 할 생각하니 정신이 멍 하더군요. 농협에 부채로 인해 늘 시달리고, 그렇다고 남에게 꾸지도 못 하는데 여의도에 사는 아우와 형님은 내가 혹여 돈 부탁할까봐 연락도 두절되었습니다.

결국 아들은 대전 처남에게 알바해서 돈 부치겠다고 등록금 오십만 원을 부탁하니 외삼촌은 알았다고 대답을 하는군요.

장애우들과 잠실야구장에서 야구를 관람하다

며칠 후 대전 처남한테서 50만 원을 받아 등록금을 냈지만 매일매일 생활비와 나의 약값, 세상의 모든 물가는 너무 비싸게 느껴지고 콩나물로 국 끓여서 생활하기도 힘이 들었습니다. 몸이라도 정상이면 노동판에서라도 일을 하겠지만 내 몸도 제대로 못 가누면서 무슨 노동판인가 생각했습니다.

초여름은 지나고 땀이 많이 흘러내리는 더운 여름이 왔습니다. 산에는 녹음이 우거지고 산과 들에 새소리가 들려오던 어느 날 '석가탄신기념일 특집방송'으로 KBS방송국에서 미스코리아 몇 분이 포천 산정호수에 방문하여 봉사 촬영을 하기에 본인도 참석했습니다. 누워서 천장만 바라보면서 생활을 하는 1,2급 포천 장애인 50여 명이 선정되어 함께 갔습니다. 산정호수에서 놀이기구도 타고 즐거운 야외활동을 하는 동안 본인도 절룩절룩 하면서 휠체어를 밀고 다니며 즐거운 하루를 보냈습니다.

부족한 죄인을 하나님의 보호로 봉사할 수 있는 힘을 주시고 사랑의 길로 인도하시는 하나님께 감사와 영광을 올리고 즐겁고 감사한 시간을 보내는 중 한 장애인 아동이 '서울 잠실야구장에 가고 싶다.'고 하여 장애인들과 저는 난생처음 잠실야구장 구경을 하게 되었습니다. 장애우들은 야구경기를 관람하면서 동심으로 돌아가 소리를 지르고 홈런에는 박수를 치면서 기쁘고 즐거운 하루를 감사히 마치게 되었습니다.

저는 시간만 나면 장애인 작업장을 방문하여 장애인들과 대화도 나누고 웃기도 하면서 장애인들과 친숙하게 지냈습니다. 그러던 어느 날 포천시 소흘면 고모리에 사는 장애인 정씨가 엔진이 달린 휠체어를 타고 저의 업소를 방문했습니다. 김치를 담아 정성스럽게 가지고 와서는 저를 이상한 눈치로 보이기에 이상하다고 생각했는데 알고 보니 김영환 회장에게 저를 소개해 달라고 부탁했다고 합니다. 부족하지만 저를 짝사랑하는 정 여인이 있으니 행복했습니다.

시간은 지나 12월 31일 연말 저는 평소에 천 원, 이천 원씩 저축하여 몇 만 원을 만들어 작업장을 찾았습니다. 연말이라고 해도 외부인사 찾아가서 격려하는 사람도 없습니다. 저는 장애인들에게 양해를 구하며 본인은 가난하여 자장면 한 그릇씩 시켜 줄 수밖에 없어 망년회치고 쓸쓸한 망년회이지만 격려하고 칭찬하면서 희망을 가지고 살면 반드시 큰 축복과 영광이 살며시 찾아온다는 말을 하고 새해인사 왔다고 격려를 했고 모든 이들의 박수를 받으면서 한해를 마무리했습니다.

장애인의 날 행사를 독자적으로 치르다

흘러가는 세월은 야속하지만 어느덧 2011년 봄입니다. 포천시에서는 장애인의 날 행사를 하지 않는다는 소식을 전해 듣고 이런저런 생각과 궁리 끝에 본인이 장애인 잔치를 준비했습니다.

강병수 가산면장님의 자문과 시설 협조를 받아 앞마당 뜰에 천막을 쳤습니다. 저도 장애인이지만 외로운 장애인들이 만난다는 생각을 하니 마음도 가볍고 몸도 가벼워지는 느낌이 들었습니다.

우선 물질적인 면에서는 평소에 친분이 있으신 분들의 도움을 받았습니다. 특히 어려운 가운데에서 현수막과 과일, 막걸리 등을 지원해주시고 자원봉사에 협조하신 일동면 나명흠 여사님과 양문 남궁영란 여사님, 가산면사무소 복지담당 직원님까지 이 글을 통해 도움에 대한 감사인사를 올립니다.

다음 날이면 장애인의 날 행사를 한다는 생각을 하니 걱정이 앞섰습니다. 장애인들은 활동이 부자연스러워 교통의 어려운 면을 가산파출소장 김기영 소장님께 사연을 전하니 소장님은 즉시 지원을 약속하셨습니다.

나는 전날 밤 두 손 모아 무릎을 꿇고 앉아서 하나님께 기도를 올렸습니다. "성령 아버지! 하나님 부족한 죄인은 내일은 장애인의 날 행사를 치르려고 준비 중입니다. 장애인을 행사에 참석해 즐거운 시간과 아름다운 우정의 꽃을 나누는 행사가 되게 하여 달라고 기도를 올려봅니다."

4월 20일 아침 일찍 일어나서 청소도 하고 손님 맞을 준비를 했습니다. 가산파출소 순찰자도 장애인의 교통편의를 제공하며 하나 둘씩 행사장에 도착하는 장애인들의 얼굴에는 기쁨과 즐거움의 만남에 아름다운 미소가 가득해 서로 반가운 인사를 나눴습니다.

음식이 준비되고 장애인 행사에 참석하신 강병수 가산면장님, 김기영 가산파출소장님 외 장애인 50여 명은 즐거운 마음으로 한 자리에 모여 아픔을 달랠 수 있는 시간을 가졌습니다.

저는 존경하는 면장님과 파출소장님, 이 자리에 모인 여러분들께 변변치 못한 식사를 대접하지만 너그러운 이해와 배려로 용서하시고 부족한 음식이지만 많이 드시고 오늘 하루도 축복받는 즐거운 날이 되시기를 바란다는 인사를 올렸습니다.

봉사하는 기쁜 마음

저는 포천시 가산면 소재 통일이발관을 운영하는 이발사입니다. 저는 약 30여 년 전에 가산면에 전입하여 이발관을 운영하고 있지만 엄청난 시련을 겪으며 살아왔습니다. 저는 사랑하는 아내와 아들을 하늘나라로 먼저 보낸 죄인입니다. 게다가 저는 사고로 인하여 지금은 뇌병변 3급 장애인, 지체 2급에 해당합니다.

하지만 모진 고통과 시련 속에서도 저는 주님을 의지하고 열심히 살아가고 있고, 비록 장애인이지만 늘 이웃과 나라를 사랑하는 마음은 변치 않고 있습니다. 저는 취미가 봉사이기에 물질도 건강도 부족하지만 오른손만이라도 자유롭게 움직일 수 있는 것에 감사하며 꾸준히 봉사활동을 이어가고 있습니다.

특히 최근에는 출근길에 가산초등학교 학생들이 길을 건너는 모습이 너무 위험해보여 윤영철 교장선생님께 직접 허락을 맡고 등굣길 안전지킴이 자원봉사를 하고 있습니다.

학생을 향해 내가 먼저 인사하면 반기며 대답하는 손자 손녀 같은 아이들의 사랑스런 목소리가 얼어붙은 내 몸을 따뜻하게 녹여줍니다.

등굣길 안전지킴이 봉사활동을 하다 보니 가끔은 따뜻한 핫팩을 손에 쥐어주고 가는 학생도 있고 간식거리를 가져다주는 학생, 내

옷에 묻은 먼지를 털어주는 학생들도 있었습니다.

한 번은 11월 쌀쌀한 날씨에 비까지 내리는 날 이틀이나 혼자서 40여 분 동안 등굣길을 지키는데 너무나 추워 다리가 덜덜 떨리는 와중에도 아이들의 미소를 생각하며 단 하루도 빠짐없이 방학 때까지 봉사활동을 무사히 마쳤습니다.

봉사라는 여행은 천국여행보다 우리를 더 기분 좋게 만듭니다. 사랑하는 가산초등학교, 경북중학교 학생들이 다음 개학하는 날까지 아무 일 없이 건강하게 지낼 수 있도록 하느님께 기도를 올려본다.

나는 건강이 허락하는 날까지 사랑의 깃발을 휘날릴 것을 주님께 약속하면서…….

청와대 효도관광

효도하고 싶은 마음은 다 똑같은 마음이지만 저는 물질도 부족하고 건강도 부족하여 생각과 궁리 끝에 청와대 효도관광을 생각했다.

우선 가산과 연천지역 노인 분 69명을 선정했다. 청와대 민원실과 신원확인을 하는 것도 주민번호가 틀려 여러 번 반복하고 나서야 신원확인 절차를 끝냈다. 준비과정에 가산면장님의 자문과 물심양면으로 도움을 받아서 준비를 하고 내일이면 2001년 6월 29일 효도하는 날이 온다.

내일은 신의 도움으로 69명의 노인 분들의 평안과 화평한 하루를 되어 주기를 두 손 모아 기도를 올리면서 밝아오는 아침을 기다렸다.

바라던 6월 29일 아침은 맑고 푸른 하늘은 가벼웠다. 노인 분들의 마음은 더욱 맑고 들뜬 기분으로 가산면사무소 앞으로 집결하여 옹기종기 모여 앉아 담소를 나누며 버스를 기다렸다. 버스가 도착하니 어린 아이들처럼 들뜬 마음으로 차에 탑승했다.

차창 밖으로 바라보며 서울구경을 하고 흥겨운 시간을 보냈다. 얼마 후 버스는 경복궁 뒤뜰에 도착했다. 마중 나온 경호원들은 일일이 신원확인을 마친 뒤 청와대 정문으로 일행을 안내했다. 생각보다 청와대 경찰관님들의 친절함에 너무 놀랐다.

장애인을 휠체어에 태워서 일일이 청와대를 안내하면서 성심성의껏 대하는 모습에 감명을 받았다. 노인 분들은 화면에서만 보던 청와대를 돌아보며 '대통령님은 여기서 집무하실까?' 등 호기심에 가득찬 기색이 역력했다.

초여름에 지칠 만도 했지만 노인 분들의 얼굴에는 지친 기색 없이 웃음꽃을 피우는 모습을 바라보니 효도관광의 기쁨을 만끽했다. 버스는 청와대를 떠나 인천신공항으로 갔다. 차창 밖을 바라보는 노인 분께서는 신기한 듯 말을 못하고 싱글벙글 즐거운 시간을 보냈다.

버스는 바닷가에 도착하여 횟집에 들려 신선한 회에 소주 한 잔으로 중식을 마친 뒤 해물시장에 들려 각자 어류를 사가지고 차에 타니 탐승 차 내에는 왁자지껄 흥타령 노래가 가득한 즐거운 소풍차량이었다.

서로에 장기자랑을 뽐내는 동안 버스는 어느덧 가산면사무소에 도착했다. 잠시나마 아쉬움을 뒤로 한 채 청와대 효도관광은 다음을 기약하면서 즐거운 하루를 무사히 마치고 돌아왔다.

모범장애인 선정돼 포천신문에 보도되다

세월은 흘러 어느덧 2001년 7월, 저는 더운 여름 오후 한때 꾸벅꾸벅 졸고 있었다. 그때 '따르릉, 따르릉'하며 전화 한 통이 걸려왔다. 가산면사무소에서 온 전화였다. 나에게 8월 1일 경기도지사님의 도지사표창을 준다는 소식이었다. 그 말을 들으니 내가 무슨 표창을 받을 만한 일을 한 것도 없는데 무슨 표창인가 생각이 들고, 꿈인가 생시인가 정신이 이상한 느낌을 가졌다.

8월 1일 경기도청 대회의실로 오전 10시까지 정장차림으로 참석하라는 통보를 받았다. 설레는 마음으로 기다리는 중 8월 1일 포천경찰서의 김권택 경사님과 동행하여 표창을 받기로 약속하였다.

기다리던 8월 1일 오전, 여름 소나기가 천둥과 함께 쏟아지는 가운데 김 경사님과 차에 동승하여 수원으로 달렸다. 차창 밖 천지에 쏟아지는 소나기를 뒤로 한 채 승용차는 경기도청에 도착했다.

마중 나온 직원이 "포천에서 오신 모범장애인 이현재 씨가 맞습니까?"라고 물으며 확인 후 도청대강당에 도착하여 앞좌석에서 표창받을 준비를 하고 대기하고 있으니 도청에 특별 연주대의 음악이 울려 퍼지는 가운데 화면으로만 보았던 임창열 지사님이 도착을 하였다.

나는 호명되어 도지사님이 직접 전달하는 표창과 간단한 선물 기념촬영을 하였다. 식이 끝난 뒤 5개의 지방신문사의 인터뷰를 하였다. 내용은 경기 31개 시 · 군에서 응모하여 경기 장애인 약 70만 명 중 8월의 모범 장애인으로 선정된 것에 대해 인터뷰했다.

생각만 하여도 꿈같은 현실이다.

"부족한 저를 늘 보호하시고 아름답고 바른 사랑의 길로 인도하시는 성령님께 감사의 기도를 눈물로 두 손 모아 올립니다. 부족한 저를 늘 보호하시는 주님의 보살핌을 받아 경기지방신문 5대신문에 인터뷰도 하게 해주시고, 포천신문 8월 29일 자에 보도됨을 감사드립니다."

가을에는 도지사님의 초청으로 모범 장애인들과 2박3일 난생처음 경주불국사를 경유하여 여수 오동도, 남한 광한루 등을 들러보고 왔다. 불국사의 화려함에 감탄이 저절로 터졌다. 여수에 도착하여 오동도를 배 타고 여행하며 너무 즐겁고 행복한 시간을 보냈다.

다음은 성춘향과 이 도령이 사랑이 담겨 있는 남원에서의 관광여행을 하여 광한루를 걸어보니 옛날 이 도령 춘향이가 살아 숨 쉬는 듯한 느낌과 즐거운 여행을 마치게 된 것을 주님께 감사드렸다.

김대중 대통령님 오찬에 초대받다

2001년 10월 먼 산에는 단풍 향기가 풍겨오는 그윽한 늦가을 오후 전화 한 통이 걸려 왔다. 가산면사무소 직원의 전화였다. 전해지는 내용인 즉, 경기도지사님 초청으로 오전 11시까지 정장차림의 단정한 복장으로 수원월드컵경기장으로 오라는 것이었다. 모범 장애인 선정에 따른 신문내용으로 포천모범 장애인 166번 명찰을 미리 전달받았다.

나는 지사님 초청이라 푸짐한 식사를 대접받는다는 생각에 전날 밤 잠을 제대로 이루지 못했다. 날짜는 다가오지만 양복이 없어 금현리 신영범 씨에게 이야기를 하니 15만 원 짜리양복을 선물로 주겠다고 했다. 약속했던 날이 되자 나는 단정한 차림으로 기다리고 있었고, 군청 윤길현 계장님께서 업소에 오전 8시 30분 도착했다.

설레는 마음으로 승용차를 타고 수원을 향해 가는 도중 몇 군데 검문소 경찰관들이 나를 보고 경례를 하길래 이상하다고 생각하였지만 기분은 좋은 편이었다. 기다리던 수원 어느 호텔에 도착을 하였다. 호텔 옆 잔디밭에는 사복차림의 전경들이 완전 포위한 모양으로 호텔주변을 경비하고 있었다. 느낌이 이상하였다. 호텔을 들어가려는 순간 이진호 군수님도 만났다. 군수님도 김대중 대통령님의 식사 오찬에 초대받은 것이었다.

호텔 입구에서 모 장애인 166번 포천마크를 단 나는 사복차림의 경관들이 몸수색을 세밀히 하고서 호텔에 들어서니 탁자는 8인용, 앞 로비에는 봉황그림이 그려져 있으니 이것이 꿈인지 생시인지 이상한 느낌이 들었다.

이어 미리 대통령님 접견 예행연습을 하자 조금 있으니 김대중 대통령님은 이희호 여사님과 등장했다. 모두 일어서서 기립박수로 내외분을 맞으니 뒤에는 임창열 지사님 이기호 경제수석이 등장했다. 이날 나의 옆자리에는 머리가 흰 사람이 앉아있었다. 명함을 받아보니 김한진 문공부장관님 민주당 의원님이었다. 장관님에게 머리가 희어 이유를 여쭈어 물었더니 고등학교 때부터 흰머리가 생겼다고 한다.

드디어 대통령님 내외분 접견이 시작되었다. 대통령 내외분과 지사님, 이기호 경제수석 등 많은 분들과 악수를 하고 기다리던 점심식사를 하게 됐다. 그런데 생각했던 중식과는 달랐다. 간단한 나물, 생선, 소고기국, 전 등 밥은 반 공기 정도 건배 시간에는 포도주 정도였다. 생각보다 소박한 점심에 놀라기도 했다. 이어 대통령님 만수무강을 위한 건배와 지사님 건배가 이어졌다. 호텔 안에는 각 지역 추천인 약 3백여 명 인사들이 참석하여 난생처음 대통령님과의 식사 접견을 했다.

"하나님, 부족한 죄인을 성령님의 보살핌과 하나님의 인도로 행복한 영광의 시간을 갖게 된 것을 무릎 꿇고 두 손 모아 감사의 눈물로 기도를 드립니다." 다음날 강병수 가산면장님께 인사를 드리려고 갔더니 면장님께서는 공직생활 삼십 년을 하여도 대통령님 옆에도 못 갔다고 부러워하셨다.

아들 정호의 결혼, 뜬눈으로 밤을 새다

흘러가는 세월은 잡을 수 없네. 2003년 2월 말경 정호와 저녁식사를 마치고 나의 방에서 있는데 정호는 아빠한테 할 이야기가 있다고 말문을 열더니 "장가가고 싶다."고 했다. 나는 "무슨 장가냐"고 깜짝 놀라서 물어보니 일산에 살던 2살 연상의 아가씨와 데이트 한 것은 알지만 실업자 이면서 인력시장 나가는 형편에 무슨 장가냐고 했다.

아들이야기로는 신부 측 장모되시는 분이 "장인 모르게 패물을 준비를 하였다."고 하면서 "며칠 내로 상견례를 하고 싶다."고 한다. 전에 7~8년 동안 사귀던 아가씨와는 어머니도 없고 아버지도 장애인이었기 때문에 헤어졌던 생각을 하니 반갑기도 하고 근심 걱정이 앞을 막아선다.

2월 마지막 주일 의정부의 모 식장에서 상견례 약속을 하였다. 며칠 동안을 이런 저런 생각에 뜬눈으로 잠을 이루지 못했다. 드디어 상견례 날이 닥쳐왔다. 송우리 누님과 나와 정호와 세 식구는 후배 용준이 승용차 편으로 의정부의 한 식당에서 신부 부모와 상견례를 하였다.

신부 부친은 우체국 정년퇴직을 하고 지금은 소포박스 납품하는 일을 한다고 하고, 신부의 모친은 가정을 꾸려가는 현모양처형으로 보였다. 이런저런 딸 이야기, 아들 이야기로 2시간 정도 시간이 흘러 결혼식 날짜를 5월 19일 일요일 오후 1시 50분으로 예약을 했지만, 아들은 백수이고, 나는 지금이나 예전이나 돈벌이는 시원찮은데 아들의 장가 들일 생각을 하니 낮이나 밤이나 결혼 걱정이 앞선다. 누구와 의논할 사람도 없었다.

시간이 흘러흘러 결혼 날짜가 임박하였으나 결혼식 날에 입을 양복이 없는 것을 송우리 누님께 이야기를 하니 여의도 아우가 백만 원을 부쳐왔다. 양복은 포천향교 전교 이윤우 선배님께 부탁을 해 송우리에 가서 20만 원을 주고 양복 한 벌을 준비할 수 있었다. 청첩장은 3백장을 준비하고 어디로 전할까 걱정했지만, 그런대로 3백장을 모두 보냈다.

결혼 전날이 됐다. 나는 아내의 산소에 찾아가서 기도를 드렸다.

"여보, 내일이면 사랑하는 아들 정호가 결혼을 한다는데 당신은 여기 누워 있으니 내 맘이 답답하여 당신과 상의하러 찾아왔소. 여보 나는 부족하지만 모든 것은 우리를 보호하시고 인도하시는 주님의 크신 권능과 사랑이 있으니 걱정하지 마시오. 내일 결혼식을 올리고 와서 당신께 전하겠소. 이 못난 남편을 용서하시오."

기도를 드리면서 산소를 떠나 집으로 발길을 돌렸다.

아들 정호가 새신랑이 되던 날

아들 정호의 결혼식이 있는 날 아침은 맑은 하늘에 구름 한 점 없는 날이었다. 조식을 마치고 "정호야, 너희 엄마 산소에 오늘 결혼식 올린다고 얘기하러 가자."하면서 아들과 처의 산소에 도착했다.

아들은 술 한 잔을 올리고 나는 기도를 했다.

"여보, 오늘이 사랑하는 아들 정호 결혼식 올리는 날이야. 당신에게 전하러 왔소. 하늘나라에서도 정호 결혼식 축하해주오. 당신 없이 나 혼자 결혼식장에 들어가는 것 이해해줘. 결혼식 끝나고 당신한테 소식 전해줄 테니……."

아들과 의정부 낙원예식장에 도착했다. 생각지도 않은 많은 손님으로 예식장이 가득 차 있었다.

식은 오후 1시 50분에 시작됐는데 나는 송우리 누님과 같은 자리에 앉았다. 정호 처는 연신 눈물만 흘리고 있지만 신랑입장에 새 신랑 정호는 싱글벙글하며 입장하는 모습을 보고, 속으로 '언제 철이 들까' 생각이 들었다. 주례는 현 포천향교 전교이신 이윤우 선배님이 맡아 주셨다.

식이 끝나고 아들 내외가 필리핀과 태국 등 동남아로 신혼여행 떠나는 것을 마중하고 집으로 돌아왔다. 저녁식사를 끝내고 방에 들어와 무릎 꿇고 두 손 모아 하나님께 기도를 올렸다.

“부족한 중죄인을 주님의 은총과 사랑으로 지켜주시고 보호하시는 아버지 하나님, 결혼식을 주님의 은총과 사랑으로 치르게 하신 것 감사합니다.”

부담스러우실까봐 연락을 하지 않았는데도 와주신 포천신문 최호열 대표이사님, 아름답고 귀한 말씀으로 주례사를 해주신 이윤우 선배님, 물심양면으로 평소 많은 도움을 주는 가산면 주민, 대전 처남, 일부러 찾아오셔서 축하해 주신 모든 분들에게 감사인사를 올린다.

겨울과 함께 온 어려움에도 '감사'

아들이 신혼여행을 마치고 돌아왔다. 아내 없이 아들과 며느리의 큰절을 혼자 받고 있자니 슬퍼졌다. 그래서 다음날 아침에 조반을 마치고 아들과 며느리와 함께 처의 산소에 가서 신혼여행을 다녀왔다고 인사를 올렸다.

실업자인 아들이 결혼을 하니 가정에 경제적인 어려움이 있었다. 아들은 여기저기에서 기사직을 맡아 일했지만 모든 것이 힘들었다. 아들이 인력시장을 전전하는 동안 며느리는 한 달의 20여 일을 친정에서 보냈고 안정적인 생활은 불가능했다.

시간은 흘러 추석 명절이 돌아왔다. 추석날 아침에는 아들과 며느리가 아내의 제사상을 준비하느라 새벽부터 분주했다. 그런데 내 방에서 잠시 들여다보니 아들과 며느리가 말다툼을 하고 있는 것이다.

아들이 며느리에게 음식을 제대로 못한다고 야단을 치니 싸움으로 번졌고 며느리는 울면서 밖으로 나갔다. 훌쩍 훌쩍 우는 며느리의 모습을 바라보는 내 심정이 괴로웠다.

내 신세가 어찌하여 몸도 망가지고 처도 세상을 먼저 간 것인지, 매일같이 원망하지만 나의 운명을 스스로 긍정적인 생각을 하며 울면서 나가는 며느리를 달랬다. 아들에게는 야단을 치면서 혼을 냈다.

어머니 제사를 끝내고 아들은 처와 나와 감암리 산소에 가서 인사를 올렸다.

어느덧 가을은 가고 추운 겨울이다. 겨울에는 난방비가 없어서 기름을 제대로 땔 수가 없어 보일러를 외출 온도로 맞춰놓고 생활했다. 두꺼운 내복을 입고 이불을 머리까지 뒤집어쓰고 잠을 청하는 버릇이 지금도 습관이 되어 내복을 입고 취침을 한다.

그렇지만 늘 부족한 이 사람을 하나님의 은혜로 며느리도 보았고 아들도 건강하게 산다. 가난하지만 아들과 며느리 우리 세 식구가 그런대로 행복한 생활을 할 수 있는 것에 늘 하나님께 진심으로 두 손 모아 감사기도를 올린다.

비록 아들내외가 일산 처가에서 반찬 등 모든 것에 도움을 받으며 살고 있지만, 서로 사랑하고 협조하면서 사는 것에 늘 하나님께 감사한 마음을 가지고, 감사할 수 있는 힘을 주신 하나님께 감사기도 올렸다.

장애인의 날, 희망찬 내일을 설계하다

개나리, 진달래 향기 그윽한 봄은 돌아왔고 장애인의 마음도 꽃향기에 취해 봄을 만끽한다. 금년 4월 20일에도 장애인의 날 행사가 없는 것을 확인했다. 생각 끝에 지인에게 설득해 조금씩 찬조금을 지원 받아서 장애인의 날 행사를 준비했다.

가산농협장, 가산제일교회 목사 등 많은 분들의 협조로 준비를 하지만 차량지원에 차질이 생겼다. 전화로 일일이 연락을 하니 모든 분들은 반가운 마음으로 참석을 약속했다. 음료수와 막걸리를 제공하신 분, 떡 한 말을 약속하신 분 등 많은 찬조로 행사준비를 마치고 집에 돌아와 감사한 마음으로 무릎을 꿇고 두 손 모아 하나님께 기도를 올렸다.

"하나님, 내일이면 장애인의 날 행사를 치르는데, 아무사고 없이 잘 치르게 하시옵소서."

20일 아침 마을 서울식당에 나가서 행사 준비 중인 주인에게 모든 것을 잘 치르게 해달라고 부탁을 하는 중, 장애인 분들이 하나둘씩 식당으로 반갑게 인사를 나누면서 식당 안으로 들어왔다. 중식 준비가 끝날 무렵 지역시의원 김영오 의원(예총회장)을 비롯해 장애인 30여 명이 참석을 했다.

김영오 의원은 의회차원에서 지원을 아끼지 않겠다며 열심히 사시는 장애인들에게 박수를 보낸다고 말했다. 나 자신의 몸도 성하지 않지만 장애인 상호간의 화합과 친선을 도모하기 위해 불굴의 의지로 모든 것을 극복하자며 참석자들을 격려했다.

이날 장애인들은 서로의 괴로움과 고독을 함께 나누며 즐거운 식사시간을 가졌다. 즐거운 미소로 서로의 고통을 막걸리 한 잔에 담아 나누는 모습에서 진심과 사랑이 넘쳤다. 그리고 아름답고 희망찬 내일을 설계하는 모습에 감명을 받았다.

회식이 끝나고 찬조금 일부가 남아서 상의 끝에, 장애인분들 중 가장 어려운 3명을 선별해 성금을 전달했다. 서로의 화합의 길로 전진하기로 마음으로 빌면서 일일이 악수를 청했다. 힘내시고 건강하게 사시면 행복과 영광의 날을 찾아올 거라고 말했다.

"하나님 아버지 감사를 천 번 만 번해도 은혜 갚을 길 없습니다. 오늘 만난 분들을 다음 만날 때까지 지켜주시고 보호해주시기를 기도합니다."

베풀수록 커지는 '사랑과 기쁨'

2003년 6월 중순, 스포츠머리를 한 40대 남자가 통일이발관을 방문했다. 본인을 "포천경찰서에서 근무하는 정지웅 경사"라고 소개하면서, "포천경찰서 계장님께서 이곳을 찾아가 인사를 하라는 연락을 받아 정보계 직원으로서 가산을 담당하기에 방문했다."고 말했다.

그렇게 이런저런 이야기를 나누면서 정 경사가 봉사를 좋아하는 사람이라 하기에 나와 함께 봉사를 하는 것은 어떻겠냐고 하니, 쾌히 승낙을 하며 약속을 하고 커피 한 잔을 나누고 업소를 나갔다. 나는 경찰관으로서 봉사를 같이 하자고 하는 말에 큰 감명을 받았다. 우리 사회에는 안일한 경찰관을 가끔 볼 수 있는데, 정 경사는 진실로 사랑을 나누는 분이었다.

시간은 한 달쯤 지나서 마산2리 사는 김 노인이 이발관을 방문했다. 김 노인은 이발을 하고는 나한테 딱한 사연을 이야기를 했는데, 그 내용을 들어보니 할렐루야 기도원에서 생활을 하다가 나와서 마산2리에서 거주하는데 월세방에 살면서 가전제품이며, 이불이며 살림도 없이 홀몸으로 생활을 한다는 이야기였다.

그 말을 듣고 나는 이불 식기 등 생필품을 전달하였지만 나조차 힘든 형편에 어찌할 도리가 없었다. 그때 마침 정 경사 생각이 나서 정 경사에게 딱한 사연을 전달하였다. 그리고는 김 노인을 가산제일 교회로 전도해 성경책도 지원하고 마음과 정성을 다했다. 나는 물질은 부족하지만 김 노인의 마음을 위로하고 격려하면서 아름다운 우정의 친구로서 대화를 나눴다. 김 노인 휴대폰에는 정 경사와 나를 '친척'으로 저장해 수시로 전화가 오면 연락을 하였다.

일요일이면 같이 교회에 나가고 대화를 통해 서로를 위로하면서 마음의 친구로 친하게 지내던 어느 날, 하루는 손님도 없고 하여 나의 머리를 염색하고 있는데 정 경사가 트럭에 냉장고, 선풍기, 세탁기 등 중고 가전제품을 싣고 왔다. 나는 마음의 기쁨을 무어라 말할 수 없이 너무나 기뻤다. 정경사가 시간이 없다 하여 나는 얼른 트럭을 타고 김 노인 집으로 향했다. 김 노인에게 선물을 전해줄 생각을 하니 차를 타고 가는 기분은 천국여행보다 더욱 즐겁고 행복해 신바람이 났다.

집에 도착한 후 김 노인을 불러 정 경사와 같이 냉장고 등 가전제품을 전달하고 업소로 돌아왔다. 사랑을 나누는 기쁨, 참 기쁨의 진리 이 모든 것을 생각하며 하나님의 큰 은총과 사랑에 두 손 모아 감사기도를 올린다.

추운 겨울, 어여쁜 손녀딸의 탄생

뜬구름 같이 흘러가는 세월은 잡을 수가 없다. 어느덧 2004년 추운 겨울, 함박눈이 온 대지를 흰 동산으로 만드는 계절. 며느리는 만삭이 되어 친정에서 생활을 하고 나는 아들과 생활하면서 식사를 해결하는 형편이었다.

2월 말이면 할아버지가 된다는 기쁨은 무슨 말로도 형용할 수 없었다. 며느리는 '아기가 탄생하면 목돈을 준비해야 한다'는 친구의 말을 듣고 나에게는 거금인 30만원을 준비하며, 할아버지 되는 날을 손꼽아 기다리는 중이었다. 드디어 2월 26일, 며느리가 어여쁜 손녀딸을 순산했다는 소식을 들었다.

나는 감사한 마음에 "하나님 감사합니다. 이 부족한 죄인도 하나님이 주신 생명의 할아버지가 되게 하시니 감사합니다."하며 기쁨의 기도를 올렸다. 며느리는 일산 조산원에서 몸조리를 하고 있었다. 나는 시간만 나면 며느리와 손녀딸을 위해 항상 하나님께 감사의 기도를 드리는 것을 잊지 않았다.

3월초, 따뜻한 봄날이 되자 눈이 녹은 길은 미끄러웠다. 아들과 나는 손녀딸을 상봉한다는 기쁨으로 마음은 먼저부터 일산조산원에 가 있었다. 1시간 30여 분 만에 일산조산원에 도착한 나와 아들이 바쁜 걸음으로 조산원실 2층에 올라가니, 며느리가 복도에 나와 기다리고 있었다. 며느리는 핼쑥한 모습으로 나를 반기면서 기쁜 마음을 감추지 못하였다.

잠시 후, 조산원실에 들어서는데 안사돈께서 반기며 인사를 나눴다. 나는 "따님께서 귀여운 공주님을 선물하니 너무 기뻐, 무어라 드릴 말씀이 없다."고 감사하고 미안하다는 인사를 전하고는 귀여운 손녀딸과 상봉했다.

나는 손녀딸 앞에 앉아서 중죄인임에도 아름답고 귀여운 공주님을 선물하신 성령 하나님께 감사 기도를 드리고 30만원 봉투를 꺼내 며느리 손에 쥐어주면서 "참으로 수고하였다."고 등을 두드려주며 격려했다.

잠시 후에 아들이 들어왔다. 나는 아쉬움을 뒤로한 체 안사돈께 며느리 몸조리를 부탁하고 다시금 포천으로 향했다. 달려가는 차창 밖을 바라보니 저 멀리 보이는 야산은 아직도 눈이 녹지 않은 모습이다. 처와 같이 손녀딸 상봉을 못하는 나의 마음도 얼음이 되어 녹지를 않았다.

집에 도착한 후 나는 석식이 마친 뒤, 성령하나님께 감사의 기도를 올리면서 다음달 4월 20일에 있을 장애인행사를 위해 또다시 두 손 모아 기도를 올렸다.

‘2012 장애인의 날’ 감사의 눈물 흘리다

들녘에는 나물 캐는 아낙네들의 웃음소리가 바람타고 은은히 들려오는 오후 한때 금년 4월 20일, 장애인의 날 행사를 위해 하나님께 기도를 드렸습니다.

저와 친분이 있는 분께 제 뜻을 전하니 몇 분이 쾌히 승낙을 하여 행사준비를 할 수 있었습니다. 시간은 흘러 기다리던 4월 20일이 왔습니다. 전날 밤 두 손 모아 하나님께 기도를 올립니다.

“부족한 저의 행사를 돌보아주시고, 많은 분들의 협조와 지도 편달로 외로운 장애인들과 고통을 나눌 수 있게끔 돌보아주신 성령하나님께 진심으로 감사기도를 드립니다.”

제 기도에 주님이 응답을 하시었는지, 행사준비를 무사히 마치고 밤이 되어 잠자리에 누워 있으니 정말로 기쁜 마음을 말로 표현 할 길이 없었습니다. 고통과 슬픔은 나누면 나눌수록 적어진다는 진리를 생각하면서 잠자리에서 나마 감사하는 마음으로…….

아름다운 꽃향기 외로운 장애인의 마음을 달래주는 20일, 아침 일찍 일어나 참석여부를 전화로 확인하다보니 오전 11시가 됐습니다.

서울식당에 가보니 평소 도움을 주신 여사님께서는 준비가 한창입니다. 바쁘게 일을 하시는 여사님께 “반갑습니다.”하고 인사를 나누는 동안 장애우분들이 하나둘씩 식당으로 오셨습니다.

특히, 후배 김윤기 가산교회 목사님 등 여러분께서 축하하러오셨고, 어려운 형편에도 금일봉을 전달하시고 참석하시며 끝까지 장애인들을 위해 물심양면으로 도와주신 서장원 포천시장님께 이 지면을 통하여 감사드립니다.

오찬은 서로의 덕을 담아 살아가는 이야기가 이어져 활기 넘치는 분위기로, 모두의 얼굴에 아름다운 미소가 가득 차 있는 모습을 보며 저의 마음도 행복을 만끽했습니다.

남은 음식, 떡, 과일, 음료수, 기타 나머지 음식들……. 나누어 챙겨주는 기쁨에 성경에서 주는 것이 받는 것보다 더 복이 있다'라는 구절이 생각나기도 했습니다.

행사에서 50여 명의 장애인들과 일일이 악수하고, 격려를 하다 보니 시간은 벌써 오후 2시가 되어 "다음에 만날 때까지 건강하게 힘내시고, 서로 소통하면서 열심히 살아가다보면 행복과 사랑과 평화가 늘 찾아온다."는 말을 나눴습니다. 아쉬운 작별의 인사를 하고, 집으로 돌아오니 마치 친형제와 헤어진 느낌이 들어 마음이 허전했습니다.

이날 하루를 무사히 마치고 저녁 잠자리에 들기 전, 부족한 저희들을 사랑으로 항상 지켜주시고 보호하시는 성령 하나님께 두 손 모아 눈물로 감사기도를 올렸습니다.

화려했던 손녀의 돌잔치

늦겨울, 엄동설한은 꼬리를 감추고 봄을 재촉하는 비가 오는 밤, 아들은 상의할 것이 있다고 내 방에 들어왔다. 물어보니 딸 수민이 돌잔치 이야기다. 우리 내 어릴 적에는 백설기, 판떡, 미역국으로 이웃과 오순도순 아름다운 정을 나눴지만 현대식 돌잔치는 어른 회갑보다도 요란법석인 걸 보니 요즘 세상이 도무지 이해가 안 간다. 청첩에다 양가부모며 친지, 친구 모두 모아 놓고 거창한 잔치를 할 모양이다. 의정부 K식당에다 예약을 했다고 한다.

경제적인 면이 걱정돼 친구에게 상의를 하니 금팔찌를 준비해야 한단다. 한 푼 두 푼 모은 돈으로 사랑하는 수민이 돌 팔찌를 준비하고, 2월 26일 돌잔치에 지인들을 초대했다. "손녀딸 돌잔치를 무사히 치르게 하여 주옵소서." 시간 나는 대로 하나님께 기도를 올리고 또 올렸다.

손녀의 돌잔치 날이 돌아와, 저녁에 의정부 K식당에 지인들과 도착하니 사돈내외분, 친지, 아들 동료, 한샘학원선생 동창 등으로 식장 안은 시끌시끌하였다. 서울 사시는 형님 내외와 송우리 누님 등 많은 분이 참석했다.

나는 난생처음 사회자가 사회를 보고 식순에 따라 식을 거행하는 성대한 돌잔치를 구경했는데 마음은 편치 않았다. 있어야 할 아내 없이 혼자서 잔치를 치루니 허전하고 쓸쓸했다. 이런 마음도 모른 채 동료들과 어울려 딸의 잔치를 치루는 아들의 모습에서 아들이 지난날을 잊고 현실에 만족하고 있다는 것을 느꼈고, 그런대로 내 마음이 놓였다. 지인들에게 술 한 잔씩 권하며 "바쁘신 데도 참석하시어 손녀딸 돌잔치를 축하해주셔서 감사하다."며 인사와 담소를 나누다보니 시간이 흘러 밤 9시가 되었다.

그렇게 작별을 고하고 승용차편으로 가산으로 향했다. 누님은 송우리에서 먼저 내리시고 나는 지인들과 다방에 들러 차 한 잔씩을 대접하고 세상사는 이야기, 돌잔치 이야기를 나눴다. 친구들은 요즘 돌잔치는 너무 화려하고 허례허식이 가득 찼다며 모두가 의아해했다. 지인분들께 진심으로 감사를 올리고 집으로 돌아왔다.

"오늘 하루도 성령님의 보살핌으로 부족한 중죄인의 손녀딸의 돌잔치를 무사히 마치게 된 것에 감사합니다."라고 두 손 모아 주님께 감사기도를 올리고 있는 중 아들과 며느리, 손녀딸이 집으로 막 도착했다. 문을 열고 나가니, 싱글벙글하는 아들 며느리가 대견스럽고 기특하였다.

난 걱정스러운 맘에 "정호야, 오늘 잔치에 적자는 나지 않았니?"라고 물으니, 정호는 "아버지 걱정마세요. 적자 안 났어요."라고 대답한다.

불우이웃과 함께한 환갑잔치

개나리 진달래 향기 그윽한 봄, 석식을 마치고 성경책을 읽고 있는데, 아들 정호가 내 방문을 노크하길래 들어오라고 하니 아들이 내 금년 회갑을 어떻게 하겠냐고 상의한다.

"정호야 내가 무슨 팔자가 좋은 사람이라고 환갑을 하느냐"고 대답하면서 "요즘 환갑은 그저 친구, 친지끼리 모여 식사로 대신한데" 라고 말했다. 정호는 "용돈 드릴테니 여행 다녀오세요."한다. 나는 "우리 이웃에 어려운 이웃이 많은데……. 나는 장애인들과 같이 환갑날 오순도손 아름다운 담소로 우정을 나눴으면 좋겠다."고 이야기를 하니 아들은 고개를 끄덕하면서 "아버님 생각대로 하세요."하고 방문을 열고 나갔다.

처가 있으면 여행이라도 가고픈 마음이 생길 텐데, 살아생전 아내와 한 번도 여행 못한 것이 후회돼 잠이 오지 않았다. "성령 하나님, 부족한 이 죄인을 도와주소서. 금년 환갑을 장애인, 독거노인, 불우한 이웃과 함께 지낼 수 있게 도와주세요."라고 기도를 드리고 잠을 청했다.

5월 5일 가산의 한 식당에서 예약을 하고 장애인과 독거노인 등 50여 명을 초청했다. 이른 아침부터 평소에 도움주신 식당 여사님을 찾아가니 준비가 한창이었다. 한 분 두 분 식당에 모두 모였다. 후배 길운기 사장의 양말세트 등 선물과 서장원 시장도 금일봉을 전달하시고, 따뜻한 사랑의 마음으로 격려를 아끼지 않았다. 막걸리 한 잔에 외로움과 고독을 함께 나누는 사람들을 바라보는 내 마음에는 기쁨이 충만했다. 괴로움은 나누면 나눌수록 적어진다는 생각을 했다.

"부족하고 연약한 이 사람, 금년에 환갑이지만, 아들과 상의해 변변치 못한 식사를 대접하는 점을 양해하시고 오늘 하루를 즐거운 마음으로 즐기시고 행복과 평화와 사랑이 여러분 가정에 항상 깃드시길 빕니다."라고 인사를 했다.

시간은 오후 2시가 가까워 일일이 손을 잡고 "힘내시고 사시면 행복과 사랑이 우리를 반긴다."는 말을 하며 작별인사를 했다. 남은 음료수, 떡 등 음식을 장애인 몇 분에게 나누어주고 나는 식당을 도왔다.

일찍 집으로 돌아와서 아들과 오늘 잔치이야기를 나누고, 환갑잔치를 무사히 불우한 이웃과 함께 나누게 된 것을 무릎을 꿇고 하나님 은혜에 감사하며 눈물로 기도를 드렸다.

아들과의 이별, “꿈이라면 얼마나 좋을까”

2005년 6월 13일 초여름 오후 한나절, 40대 초반의 남성이 봉고차를 타고 들어오더니 이발하는 내게 이발을 중단하고 봉고차에 탑승하라고 말했다. 이발하던 손을 놓고 봉고차에 탑승했다. 차는 정신없이 포천방향으로 달렸다. 남성은 약방에서 우황청심환과 박카스를 구입해 내게 권유하길래 영문도 모른 채 복용했다.

차는 쏜살같이 포천경찰소로 달렸고 나는 수사과로 안내됐다. 벌써 이상한 느낌을 받았다. 경찰로부터 아들이 살해됐다는 얘기를 들었다. 아들을 살해한 범인은 경찰서에 자수를 해 조사를 받고 있는 중이었다. 나는 꿈인지 생시인지 넋을 잃고 말았다. 오전 9시 20분 경에도 아들과 통화했는데, 아들이 살해되어 세상을 떠났다고 하니 도무지 실감이 가질 않았다.

나는 경찰서 입구 마당에서 데굴데굴 구르면서 정호를 살려달라고 땅을 치고 울부짖으면서 대성통곡을 했다. 검은 구름도 내 마음을 아는지 모르는지 슬피 우는 나를 보고 있었다. 땅을 치고 아무리 울어 봐도 소용없었다. “정호야, 정호야” 목메어 불러 봐도 소용없는, 꿈인지 생시인지 구분이 안됐다.

경찰서 뜰에서 대성통곡하는 나를 바라보는 직원도 눈시울을 붉혔다. '왜 나를 두고 떠나가느냐?'고 소리쳐 불러 봐도 소용없었다. 아내도 일찍이 세상을 떠나고 아들마저 세상을 떠나니 나는 누구를 의지하고 사느냐고 울부짖었다.

나는 정신을 잃었고, 동행한 사람이 나를 부추겨 봉고차에 탑승시키고 그 차는 송우리로 향했다. 차에서 정신을 조금 차려 이게 꿈이라면 얼마나 좋을까 생각했다.

차는 어느덧 송우리 우리병원에 도착했고 기사는 나를 부축해 영안실로 향했다. 몸이 도무지 움직일 수 없을 만큼 무거웠다. 계단을 한 계단 두 계단 끌려가다시피 내려갔다. 눈앞에 '이정호'라고 쓴 명찰을 발견한 순간 나는 정신을 잃고 계단에 쓰러져 뒹굴었다.

목이 터지게 부르지만 아들은 대답이 없다

송우리 우리병원 영안실 계단을 동료의 부축을 받으면서 지하 영안실에 도착하니 쓸쓸하고 차가운 기운이 맴돌고 있었다. 아들 친구들이 달려와서 웅성웅성 하면서 아들 영정사진을 진열하고, 하나 둘씩 가족 친지가 모이고 있었다. 나는 영정사진을 쳐다보면서 '정호야'를 부르며 통곡하며 울부짖었다.

목메어 불러 봐도 소용없는 아들, 나는 어떻게 살라고 혼자 떠나느냐면서 땅을 치며 뒹굴면서 울부짖었지만 소용이 없었다. 소식을 듣고 달려온 며느리, 사돈 식구들, 정호 친구들, 지인 등 모든 이들이 애타게 목이 터지도록 '정호야! 정호야!'를 부르지만 떠나간 아들은 대답이 없었다.

저녁이 되면서 대전 처남형제도 정신없이 달려와 "어떻게 정호가 세상을 떠났느냐?"고 나에게 물었다. 확인한 결과 동료 직원이 얼마 전 부산에 사는 여동생이 집단 성폭행을 당했다고 한다. 아들이 야간근무를 마치고 오전 9시경에 나하고 통화를 하고 잠이 들었는데 술에 만취한 동료가 아들을 성폭행범으로 착각을 하고 운동기구 아령으로 잠들어 있는 아들의 머리를 서너 번 내리쳐서 순식간에 아들이 살해된 것이다. 이런 이야기를 전해들은 처남은 어이가 없는 듯

멍하니 말을 잊지 못하고 있었다.

항상 공무원 시험에 대비하여 책을 끌어안고 생활을 하다가 사고 전날인 6월 12일 공무원 합격통지서를 받아들고 기쁨을 감추지 못하던 그 모습이 지금도 눈에 선하다. 다음날 나는 물로만 목을 축이면서 나흘 동안 식음을 전폐하고 있으니 기운이 떨어져서 거동이 힘들었다. 하지만 정신력으로 지탱하고 있자니 다음날 교회 목사님을 비롯하여 교인들이 오셔서 예배를 드리고 찬송을 부르는데 흘러내리는 눈물 콧물을 어찌 글로 다 표현할 길이 없다.

여의도 아우 달재가 형 좀 보자고 하면서 조용한 곳으로 가서는 백만 원짜리 수표를 나의 손에 쥐어 주는데 나의 마음은 무너지는 느낌이었다. 저녁 영안실 차가운 바닥에 있으니 아우는 나를 붙잡고 형님 불쌍하다고 닭똥 같은 눈물을 펑펑 흘리면서 우는 모습이 지금도 눈에 선하다. 너무너무 통곡을 하고 울부짖어서 울 힘도 없고 움직일 수도 없지만 하느님께 '저를 도와주소서'라며 기도를 올린다.

목이 메어 찬송도 부르지 못하고

차디찬 영안실에서 일주일동안 식음을 전폐하고 울부짖었지만 소용없는 현실. 아들의 영정사진만 바라보면 이것이 꿈인지 생시인지 도무지 이해가 안 된다. 많은 분들이 찾아와서 인사를 하지만 정신이 너무 없어서 누가 누구인지 오락가락하였다.

대전에 사는 처남 두 형제는 매일 대전에서 송우리 영안실로 출근을 하다시피 하였다.

하루는 막내처남이 매형 좀 보자고 하여 조용한 곳으로 나를 안내하더니 백만 원짜리 수표 한 장을 나의 손에 쥐어주면서 "매형 힘내세요."라며 닭똥 같은 눈물을 줄줄 흘리는 모습은 지금도 눈에 선하다.

장례를 3일 만에 치르려 하였으나 학원 측과 합의가 잘 안 되어서 일주일 만에 장례식을 치르게 되었다. 조카, 친지 등 몇몇 가족은 한샘학원에 가서 농성을 하곤 하였다. 7일 만에 원만한 합의를 보게 되어서 장례식을 치르게 되었다.

그날 오전 교회 목사님을 비롯한 성도 여러분들이 영안실 내에서 마지막 떠나가는 발인 예배를 목사님 집도 아래 예배를 드리는데 낮별보다도 밝은 찬송가 "요단강 건너가 만나세"를 부르는데 목이 메어 찬송도 부르지 못하고 흐느껴 울기만 했다. 몸은 쇠약해져서 찬송을 부를 힘도 없고 울부짖을 힘도 없어 기진맥진하였다.

잠시 후에 아들의 관이 영안실을 나와 영구차에 실리는 모습을 바라보고 "정호야, 정호야" 소리치며 땅을 치고 대성통곡을 하면서 "정호야, 혼자 가지 말고 아버지와 같이 가자"고 소리쳐 울어도 소용이 없었다. 내가 소리치면서 "나도 간다"고 울부짖는 모습을 보고 눈시울을 붉히는 모든 문상객들의 모습이 지금도 눈에 선하다.

울부짖는 나를 뿌리치고 영구차는 화장장으로 서서히 떠나가는 모습을 보고 땅에 주저앉아서 얼마쯤 울부짖다보니, 형님이 나를 보고 집으로 가자고 하여 형님의 부축을 받으면서 차에 올라타니 차는 가산 집으로 향하여 달리고 있었다. 나는 차창에 기대어 흐느끼고만 있었다.

뜬눈으로 지새우며 우는 날은 계속되고

나를 실은 자동차는 가산 자택에 도착을 하였다. 방문을 열고 방으로 들어가니 쓸쓸하고 싸늘한 기운이 감돌았다. 형님은 바쁘다고 하시면서 파주 집으로 떠나셨다. 나는 정신 나간 사람마냥 아들 방에 들어가서 아들이 사용하던 살림을 쳐다보고 만지고 있으니 아들이 지금 금방이라도 방으로 뛰어 들어오는 느낌이 들었다.

울다가 지쳐서 이제는 흐느낄 만한 기력도 없었다. 방안의 소파에 기대어 잠이 들었다. 몇 시간의 잠을 자고 깨어보니 해가 서산을 넘어갈 무렵, 아들의 친구들이 집으로 찾아왔다. 아들은 춘천화장장에서 화장을 해서 감암리 정호 모친 산소에 뿌렸다고 하였다. 죽어서라도 엄마와 같이 지냈으면 하는 바람뿐이었다. 아들 친구들이 나에게 인사를 하고 집을 나서는 모습을 바라보노라니 심정은 옛날 어른들께서 억장이 있다. 그야말로 장이 쓰리고 가슴이 답답한 느낌, 억장이 무너진다는 것을 실감하니 내 신세가 왜 이렇게 되었는지 나도 모르겠다는 생각이 들었다.

저녁에 드러누워 잠을 청하니 잠깐 잠이 든 순간 창문을 두드리는 소리, '아빠! 아빠!' 문 열어 달라고 하는 아들 목소리가 들리는듯하여 집에서 깨어 벌떡 일어나 "정호야 들어와" 하면서 눈을 뜨고 보니 꿈이었다.

밤마다 아들의 영혼이 나를 찾아와서 매일 잠을 설칠 때면 기도를 하고 찬송을 부르고 하면서 뜬눈으로 밤을 지새우는 날은 계속되었다.

며느리는 자기 방에 있는 짐을 챙겨 친정으로 떠났다. 아들도 떠나가고 며느리도 떠나고, 손녀딸도 떠나고 혼자 있으니 답답하고 괴로운 심정은 무엇으로도 표현할 길이 없었다.

나는 충격으로 인하여 우울증에 시달려서 의정부 성모병원에서 우울증 치료를 받고 있었으나 신통치 않았다.

시간만 나면 계란을 삶아서 농협마트 아주머니들에게도 참으로 전해주고 옥수수를 삶아서 가산파출소 직원에게도 전달을 하였다.

아들 자동차는 검정색 승용차였다. 이발소 앞에 검정색 승용차가 정차하면 나도 벌떡 일어나 아들이 오는 줄 알고 바라보곤 하였다.

'용서! 용서! 원수를 사랑하라'

강물은 말없이 흘러가듯 2009년 여름날 오후 꾸벅꾸벅 졸고 있는데 아들 친구가 광주에서 이발소로 찾아왔다.

아들 친구는 정호 모친 산소에 들러 금초를 하고 왔다고 하면서 쇠고기와 수박 등을 사가지고 왔다.

인사를 하고 나가는 모습을 바라보니 울컥 아들 생각이 나서 하염없이 대성통곡을 하면서 흐느껴 울면서 목사님 사모님께 전화하면서 "사모님! 아들이 보고 싶다."라고 하면서 하나님께 기도를 드려 달라고 부탁을 했다. 몸도 약하고 마음도 약하고, 외로움과 괴로운 슬픔을 어찌 글로 표현할 길이 없다. 울다 지쳐서 소파에 앉아서 잠시 잠이 들었는데, 꿈에 아들과 아내가 느닷없이 이발소로 들어오면서 나를 찾길래 깨어 눈을 뜨고 보니 꿈이었다. 꿈에서라도 만나고보니 반갑다고 생각하고 있는데 손님이 찾아와 이발을 하면서 잠시나마 모든 것을 잊고 이발을 하였다.

세월은 흘러 흘러 2010년 초여름, 날마다 새벽이면 깨어나 하나님께 기도를 드리는 육십여 년 간 마음속에 가득 찬 죄악을 벗어버리려고 몸과 마음을 정성을 다하여 하나님께 새벽이면 깨어 통곡의 기도를 한 달 가까이 올리는데 눈물 콧물 범벅이 되어 내 진정 사모하는 주님 전에 상달되었다.

주님은 저에게 영적으로 말씀을 주시었다. '사랑! 사랑! 아들을 살해한 자를 용서하라.'고 하시는 주님의 음성이 귓전에 들려왔다. 나는 정신을 가다듬고 '원수를 사랑하시는 주님, 주님 원수를 용서하겠다.'고 주님께 약속을 드렸다.

이발소에 나와서 머리를 감고 면도도 하고 정성어린 마음으로 주님의 약속을 지키려고 마음을 가다듬고 백지 한 장과 볼펜을 놓고 눈물로 기도를 드렸다.

"존경하는 이명박 대통령님께 올립니다. 본인은 장애자입니다. 뇌병변 3급. 49세 때 사고로 인하여 장애자가 되었고, 53세 때에는 사랑하는 아내도 세상을 떠나고, 61세 때에는 하나밖에 없는 아들도 학원 동료에게 피살되었습니다. 원망, 저주, 괴로움, 슬픔을 이기려고 날마다 기도를 드리던 중 주님의 음성이 들려왔습니다. 용서! 용서! 원수를 사랑하라는 주님의 음성을 듣고 펜을 들어 글을 쓰는 이 사람의 마음은 천 갈래 만 갈래 찢어집니다. 눈물이 앞을 가려 글을 쓰기 힘듭니다."

우울한 마음 다 버리고 뚜벅뚜벅 주님 앞으로

“대통령님, 현재 청송감호소에는 아들을 살해한 한 죄수가 교도소에서 수감생활을 하고 있습니다. 저는 예수를 믿는 신자입니다. 죄는 미워하되 사람은 미워하지 말라고 합니다. 대통령님 저의 부탁을 들어주소서! 한 죄수를 용서하여 주소서!” 라는 편지를 썼습니다.

아들을 하늘나라로 보냈으니 감옥에 있는 아들이 형기가 감형되어 세상에 나오기를 눈물로 하나님께 두 손 모아 기도드립니다.

편지를 발송하고 며칠 후에 청와대에서 편지가 왔습니다. 청와대 비서실에서 온 편지를 받아보니 법무부가 조치를 했다는 소식이었습니다.

2010년 6월 17일 포천신문에 “원수를 사랑하라!”는 기사가 실렸습니다. 저는 아들을 하늘나라로 보내고 분노, 원망, 저주, 실망, 괴로움, 고독 등 원망의 불길이 항상 마음속에는 불타고 있었습니다. 용서를 하니 내 마음은 큰 짐을 내려놓는 것처럼 육체적으로나 영적으로 가벼운 마음을 갖게 되고 용서의 꽃이 피어나 항상 기쁨과 즐거움으로 생활하게 되었습니다.

마음의 꽃은 용서하는 마음이라고 생각합니다. 시련과 고난 속에서 깨달음의 진실한 향기가 축복의 꽃으로 피어나는 것을 깨닫게 됨을 진실로 주님께 감사와 영광을 올립니다. 저는 거울 앞에서 양보하는 '밝은 마음' 용서하는 '기쁜 마음'으로 주님의 고난 속에서 세상을 깨달아 참 사랑의 뜻을 알게 된 것을 주님께 무릎을 꿇고 기도하며 용서와 봉사하는 생활로 이웃에게 조그마한 사랑의 등불이 되어 달라고 주님께 기도를 드리며 저의 우울한 마음을 다 버리고 뚜벅뚜벅 주님 앞으로 나아갑니다.

하루는 목사님 내외를 방문해 건의했습니다, "교회에서 간증을 하고 싶습니다." 목사님은 쾌히 승낙을 해주셨습니다. 저는 전에도 서울에서 초청 간증을 한 경험이 있습니다.

2011년 6월 28일 오후 찬양시간에 간증을 하기로 약속을 하고 며칠 동안 간증 준비를 하며 기도 올렸습니다. 제목은 '고난 속에서도 축복을 주시는 주님'이란 소재로 간증을 했습니다. 성도는 대략 2백여 명, 저는 원고를 보고 간증을 열심히 하며 주님의 성령 부름을 받고 원고도 안 보고 눈물을 흘리면서 '주님의 은혜와 축복에 감사한다.'는 주제로 울면서 간증을 했고 많은 성도들은 아멘으로 화답했습니다.

용서하는 마음속에 사랑과 평화의 꽃 피어

2010년 초가을 저녁 이른 시간에 50대 초반의 남자가 이발을 하러 업소에 왔는데 함께 온 분은 40대 후반의 여자 분이었다.

여자 분은 저의 업소에 찬송과 성경책을 보더니 교회를 나가느냐고 하길래 나간다고 하니 반가워하시면서 본인은 중국 연변 화룡시 팔가좌진에서 사모중남교회 전도사로 시무하시는 분은 정기활 전도사라고 말하면서 금년 6월에 세미나에 갔더니 한국에 이 XX집사는 원수를 사랑하였다고 말씀을 하시었다. 그는 전에는 손양원 목사님이 원수를 사랑하였다고 말씀하시면서 금년 6월에 원수를 사랑하는 분은 처도 없고 본인도 장애인이면서 하나밖에 없는 아들을 살해한 원수를 대통령께 편지를 하여 용서하여 달라고 편지를 한 것이 인터넷에 보도된 것을 보고 연변에 교회가 300여 개 있는데 300개 되는 교회에서 원수를 사랑한 설교 이야기를 들었다고 하시길래 인터넷에 실린 것을 보여주었더니 매우 반기면서 저를 만난 것을 예수님 만난 듯이 기쁨을 감추지 못하는 모습을 바라보면서 저는 이야기를 하였다.

용서를 하지 않고 원망만 하니 마음도 무겁고 몸도 무겁다면서 용서하는 마음속에는 아름답고 건실한 사랑과 평화의 꽃이 피어나 괴로움이 행복으로 변한다는 주님의 사랑 진실로 체험하니 앉으나 서나 항상 주님께 감사와 영광을 돌린다면서 부족하고 약한 몸이지만 남은 생애 주님께 충성하면서 이웃사랑에 몸과 마음을 바쳐 생활하는 낙으로 지금도 열심히 살아간다고 하였더니 사모께서 즐거운 마음으로 감명을 받았다고 하였다.

갑자기 한국에 오는 바람에 성경책이 없어 성경책을 전해드리고 가끔 저의 업소에 들러 커피도 나누곤 하였다.

사모 자제분들은 한국에서 신학교에 다니고 딸과 아들 학비를 보태려고 한국의 농촌에서 일을 하고 있었다. 농촌에서 1년간 일을 하면 5년 비자가 나온다고 하여 감암리 농장에서 근무를 한다고 하였다.

추운 겨울에 양말이 없어 크리스마스 때는 양말도 선물하고 자녀들도 일요일 모친한테 오면 저의 업소에 들러 차도 나누고 사모를 저의 교회로 인도하여 교회도 나가게 되었다. 사모가 시무하는 교회 화룡시 팔가좌진에서 시무하시는 정기활 전도사님과도 통화를 하였다. 나에게 중국에 와서 간증을 하여 달라 간증초청을 전화통화로 주시었다. 중국에 간증 가는 것은 내가 하는 것이 아니라 하나님의 뜻이라고 말씀을 드리고 오늘도 하루 일을 끝내고 잠자리에 들었다.

큰 상을 받으니 어깨가 무거웠다

세월은 뜬구름 같이 흘러 흘러 어느덧 2011년 늦가을 출근길에 가산초등학교 정문 앞 학생들이 횡단보도를 건너는 모습을 바라보니 움츠리고 길을 건너는 모습은 너무너무 위험해 보였다. 나는 초등학교 윤영칠 교장선생님을 찾아가서 저는 봉사하는 사람으로 전에는 소년가장에게는 무료이발도 하고 장학금도 전달하였지만 지금은 건강도 부족하고 물질도 부족하기에, 학교 앞 교통지도 봉사를 부탁하였다. 교장선생님은 흔쾌히 허락해주셨다. 아침 7시 30분부터 8시 30분까지 봉사를 하였다.

녹색어머니회에서는 자주 나오지 못하여 혼자서 봉사를 즐거운 마음으로 시작을 하였다. 어린학생들은 간식으로 나온 빵과 요구르트를 나에게 주면서 "할아버지 감사합니다. 감사합니다."하면서 친할아버지 이상으로 나와 친숙하게 되었다. 길에만 나가면 초등생 중학생들은 나만 만나면 인사를 하는 모습을 바라보니 가산초등생, 경북중학생들은 너무너무 얌전하고 인성교육을 잘 받아서 나라를 이끌어갈 꿈나무들의 비전은 큰 희망과 씩씩하게 자라서 이 나라의 큰 기둥이 되기를 마음속으로 기도를 드릴 때가 많았다. 학교졸업식에도 참석하였고 운동회에도 참석하였다. 꿈나무들의 재롱과 장기자랑에는 감탄사가 흘러나왔다.

한 번은 여중생을 만나 이야기를 하였더니 중학교 도덕선생님께서 '학교 앞에서 봉사하시는 할아버지는 훌륭한 분'이라고 하시면서 '몸도 장애인이신 분이 하나밖에 없는 아들을 살해한 사람을 용서해달라고 대통령께 편지도 하신 분'이라고 소개하면서 만나면 인사 열심히 하라고 하셨다고 한다. 선생님을 생각하니 부끄러움을 감출 길 없다.

나는 홀로 지내니 모든 학생들이 친손녀 친손자 같아서 토요일 일요일에 못 만나면 월요일 아침을 기다리면서 사랑하는 꿈나무들을 위하여 성령 하나님 가산초등생 경북중학생, 모든 어린이에게 지혜도 주시고 총명도 주시고 건강도 지켜달라고 기도를 올리곤 하였다.

가산초등학교 5학년 1반 이성재 어린이는 아침마다 따끈한 쌍화탕을 가져와서 "할아버지 감기 조심하세요."하는 모습이 눈에 선하다. 한 번은 업소에서 졸고 있는데 전화가 따르릉 따르릉 울리기에 받아보니 가산면사무소 복지담당 여사님께서 전화가 왔다. 내용은 X월 X일 X시까지 가산면장실로 나와달라면서 경기도의회 표창을 전달한다고 한다. 옷은 정장을 착용하고 시간을 맞추어 면장실에 도착하니 김덕원 면장님, 윤영창 도의원님이 기다리고 계셨다. 나는 도의원님의 전달로 경기도의회의장 표창을 받았다. 나는 한 것도 없는데 큰 상을 받으니 어깨가 무거웠다. 열심히 봉사하라는 말씀을 되새기면서 집으로 돌아왔다.

일주일도 안 돼 또 시장의 표창을 받고

흘러가는 세월은 어쩔 수 없군요. 낙엽이 한 잎 두 잎 떨어져 늦 가을의 정취가 흠뻑 풍기는 오후 한때, 전화벨이 울려 받아보니 포천시청 시장실로부터 전화가 걸려왔다.

통화내용은 2012년 11월 17일 오전 10시 30분까지 시청으로 나와서 시장님의 표창장 전달식이 있으니 참석하라는 연락이었다.

나는 잠시 동안 생각을 하였다. 지난 6월에도 도의회 표창을 받았는데 시장님 표창을 받으러 오라는 연락을 받았다.

한 일도 없는 저에게 상을 준다니 마음이 무거웠다. 11월 17일 친구의 승용차를 타고 시청에 도착하니 나와 같이 다섯 분이 시장님 표창을 받고 다과를 잠시 나누면서 시정에 대한 간략한 설명을 듣고 친구와 함께 돌아왔다. 상을 처음 받을 때는 정말 기쁘고 신기한 마음이 들었지만 여러 번 상을 받고 보니 처음 받을 때와는 기분이 달랐다.

6일이 지난 11월 23일은 가산 노인대학 졸업식을 있는 날이었다. 나는 설레는 마음으로 노인대학에 도착했다. 다른 분들은 일찌감치 학교에 나와 사각모를 쓰고 거울을 보며 어린아이들처럼 즐거워하는 모습은 어린 시절로 돌아간 기분이었다. 나도 검정 가운을 입고 사각모를 쓰고 거울 앞에 서보니 마음은 청춘이었다. 오전 11시 기관장님을 비롯한 많은 내빈이 참석하여 졸업식을 축하해주셨다.

졸업식이 시작되자 내 이름이 호명되어 포천시장님의 표창을 받으러 단상으로 나갔다. 내용은 실버대생 백여 명 가운데 모범생으로 선정돼 시장님 표창을 받는다는 것이었다. 표창을 받은 지 일주일도 안 돼 또 시장님 표창을 받고 보니 어깨는 더욱 무거움과 책임감이 느껴졌다.

식이 끝난 후에는 점심시간이었다. 식사는 간단한 갈비탕에 소주 한 잔 하면서 이런저런 담소를 나눴다. 3월에 또 입학하라는 학장님의 말씀을 듣고 재입학을 생각하면서 정들었던 학생들과의 작별의 인사를 나누고 나의 업소로 돌아와 잠시 휴식을 취하였다.

12월 18일, 아침이면 매일 학교 정문 앞에서 안전지킴이를 시작한 지도 일 년이 넘는다. 오늘도 전과 다름없이 털모자를 쓰고 호각을 불면서 교통지도를 열심히 하고 있는데 난데없이 어린학생 20여 명과 담임선생님이 동행하여 찾아와 간식도 전해주고 "할아버지 감사합니다. 눈이 오나 비가 오나 저희를 위하여 고생 많이 하시는 할아버지!"라고 한 학생이 손수 쓴 편지 20여 통을 전달해주었다.

참세상의 기쁨을 누리고 살아가는 것을

어린 꿈나무 학생들이 전해준 편지 20여 통을 업소에서 뜯어보니 내용은 너무 너무 동심어린 어린이들의 따뜻한 사랑이 담겨져 있었다. "할아버지의 불편하신 다리를 빨리 낫게 해 달라."는 내용, "항상 저희를 위해 봉사하시는 녹색할아버지 감기 조심하세요."라는 내용 등 많은 사연이 담겨있었다.

편지를 보고는 나는 한참동안 지난날을 회상하면서 눈물을 흘렸다. 아들이 떠나갔을 때 두 살 되던 손녀딸이 지금은 3학년이 되었고, 아들도 떠나고 며느리 또한 떠나고 세상에 핏줄 하나인 손녀딸도 떠나간 것을 생각하니 손녀딸 생각에 하염없이 흐르는 눈물을 닦고 또 닦곤 하지만 희망을 잃지 않고 앞으로 열심히 살아갈 것을 두 손 모아 하나님께 기도 올립니다.

20여 년 전 엄청난 사고로 인하여 장애인의 시련과 고통의 두려움, 고난 속에서도 희망을 잃지 않고 열심히 앞으로 희망이 있는 곳에 사랑이 있고, 평화와 영광과 축복이 있다는 신념으로 내 모든 것을 주님께 맡기니 무거운 짐을 나 홀로 지지 않고 주님께 맡기니 주님이 힘을 주시고 능력도 주시고 항상 동행하시여 나의 큰 소망이 되시고 나아갈 길을 인도하여 주시고, 잔잔한 물가도 푸른 초장으로 동행하시는 주님, 우울증으로 인하여 하루 10여 알씩 복용하던 약봉지도 다 버리고 감사한 마음으로 생활을 하면 감사한 일만 생긴다고 믿었다.

두려움을 벗어버리고 마음을 비우고 허물투성이인 모든 것을 다 버리고 양보 · 용서 · 이해 · 배려 · 사랑하는 마음으로 '나는 행복합니다. 나는 행복합니다. 정말 정말 행복합니다.'라고 생각을 바꾸면 너무 너무 행복합니다. 부족하고 힘없고 허물만 마음속에 가득한 이 사람이지만 나는 행복합니다. 사랑하는 독자 여러분! 욕심도 버리고 두려움도 버리고 타인을 비판하는 마음을 버리고 칭찬을 많이 하면 칭찬 받을 일만 생긴다는 확신을 가지세요. 우울증은 우리가 마음 다스리고 긍정적인 생활, 사랑하는 마음, 과거에 즐거운 일만 떠올리면서 "행복합니다."라고 하면 마음속에는 항상 사랑의 샘물, 행복의 샘물, 평화 · 영광 · 기쁨의 샘물이 용솟음쳐서 새로운 삶을 맞이하여 살맛나는 세상, 신바람 나는 세상을 만나실 수 있습니다.

"참세상의 기쁨을 누리고 살아갈 것을 머리 숙여 하나님의 축복과 영광이 함께 하시기를 기도 올립니다."

부족한 글월을 끝까지 구독해주신 독자 여러분께 두 손 모아 감사의 말씀드립니다. 감사합니다.

2부

죽음을 건너온 이발사

불쌍한 처를 주님 보살펴 주소서

인생의 고뇌를 지고 긴 세월을 지내오면서 1975년 3월 1일 결혼하여 39년이 지났지만 문득 먼저 간 아내 생각이 나서 간절하게 몇 자 적는다.

1993년 3월 24일 새벽 6시 30분경 아침에 일어나려고 하는데 온몸이 마비가 되면서 움직일 수 없었다.

"정호야! 정호야!" 아들을 부르니 아내는 식사를 하다 말고 와서 "여보 왜 그래요?"얼굴이 노랗게 질린 표정으로 "몸이 말을 움직이지 않아! 좌측 팔과 다리가 마비되었나 봐. 움직일 수가 없어!" 아내는 급히 택시를 잡으려고 밖으로 나갔다. 때마침 이웃에 사는 후배 문성이가 나와 있어서 자기 자동차로 의정부병원으로 급히 나를 후송해주었다. 병원에 도착해 온몸에 링거주사를 꽂았고 몸은 점점 더 움직이지 못하는 상태였지만, 정신만은 맑아졌다.

시간은 벌써 오전 11시, 작은 형님이 연락을 받고 병원에 도착하여 승합차로 서울 연희동 동서가 운영하는 한방병원으로 급하게 차를 달렸다. 차 안에서 본 하늘은 강한 빗줄기가 하염없이 내렸다. 서울 병원에 도착하니 오후 2시 응급실에서 응급조치를 하고 2층 병실에 누워있는데 문래동 동생들과 누님이 연락을 받고 달려와 있었다.

그러나 몸은 더 이상 움직일 수 없는 반신불수가 되어 대소변을 받아내야 하는 내 신세가 도무지 믿어지지 않았다.

문병을 왔던 큰형님 내외는 사람도 짐승도 아닌 내 모습에 '동생 하나를 잃었구나'하는 눈빛 같았다. 산다는 것이 무엇인지 돈이 무엇인지 마흔아홉 한창 열심히 살아야 할 나이 몸은 불구가 되어 육신의 형제도 포기했다는 느낌마저 들었다.

이게 꿈인지 생시인지 도무지 알 수 없었다. 5월 27일 5층 50호실에 입원을 하면서 지루한 투병생활을 시작했다. 이따금 선생님이 침 몇 대 찔러주고 가지만 마비된 몸은 꼼짝을 할 수가 없었다. 그러기를 일주일이 지나니 간병하느라 지쳐서 녹초가 되었지만 짜증 한 번 부리지 않는 아내의 지친 모습을 바라보니 가슴이 무너져 내렸다.

지루한 투병생활을 이겨내려고 같은 병원 정태경, 조명자, 김교삼 등과 살아온 세월 이야기를 하면서 함께 울고 한탄하면서 내 육신에 찾아온 변화를 이겨내기 위해 남몰래 무던히도 노력했다.

그래도 내 마음은 점점 더 서러워졌다. 주위 사람들이 병문안을 왔지만 마비된 몸을 보이기가 심히 꺼려졌다. 무거워져가는 몸을 원망하며 찬송가, 성경책을 끌어안고 애타게 부르던 찬송가 소리, 그러나 한 번 망가진 몸은 도무지 회복될 기미가 보이지 않았다.

'이제 저의 영혼을 거두어가 소서 이 못난 남편을 간병하느라 파죽음 되어 있는 불쌍한 처를 주님 보살펴 주소서-' 못난 남편을 간호하느라 앙상하게 뼈만 남은 사랑스러운 아내의 두 뺨에 흘러내리는 눈물

아내는 고3인 아들을 돌보기 위해 병원에서 이틀, 집에서 이틀을 왕래하는 모습을 보면서 내가 내 곁에 모든 사람을 고생시키는구나 하는 생각만이 나를 지배했다. 그러면서 나는 이렇게 기도했다. "주여 차라리 저의 생명을 거두어 가십시오."라고 그러다가 지쳐서 잠이 들었다. 깨어나 보니 또다시 몸은 마비되어 움직일 수 없는 현실에 절망했다.

그렇지만 투병생활은 이제부터였다. 병석에 누워 있으니 몸은 점점 굳어지면서 한 발짝 떼는 것이 쌀 한 가마니를 짊어진 것보다 몇 배 힘이 들었다. 머리는 어지럽고 하루하루 산다는 것은 지옥 같은 느낌이었다.

눈물은 흘러 손수건도 흠뻑 젖고 콧물, 눈물범벅이 된 내 얼굴, 전신이 만신창이가 되었다. 집 앞에 있는 농협 수돗가에 앉으니 전에는 형님, 아우 부르며 친하던 사람들도 나를 멀리하는 것을 뼈저리게 느껴졌다.

근처 초등학교를 오가며 운동을 계속하지만 마비된 몸은 좀처럼 회복될 기미를 보이지 않았다. 오른쪽 다리 힘으로 왼쪽 다리를 질질 끌면서 다니는 처지가 되어, 뒷산을 오르다가 힘이 들어 처와 함께 나무 밑에 누워 있노라면 한심하고 답답하고 전화 한 통이나 찾아오는 사람 하나 없으니 외로움은 더욱 깊어만 갔다.

형 이제는 형제한테 의지할 생각하지 마

이런 와중에 평소에 친하게 지내던 송병호라는 친구가 1993년 7월 14일 세상을 떠났다는 소식을 전해 듣고, 움직일 수 없는 몸을 지팡이에 의지해 친구 가정을 방문해 통곡하니 내처지가 더없이 한심스러워 땅을 치며 울고 또 울었다.

매일 눈물을 흘리다 보니 처는 나를 보고 울보라고 하면서 나를 따라 울기만 했다. 마비된 근육이 제 역할을 하려면 뼈를 깎는 고통을 감내해야 했고, 비 오는 날에는 비옷을 입고 마음으로는 반드시 떳떳하게 걷고야 말겠다는 각오로 그렇게 죽을 각오로 운동을 나갔다.

183cm 82kg 육중한 몸이 흔들거리는 나의 모습은 너무 초라함 그 자체였다. 살아있다는 것이 무엇인지 마당을 돌다가 문득 농약을 먹고 죽어버리겠다는 생각도 했다. 그러나 죽을 기회는 도무지 오지 않고 도저히 살아갈 용기가 나지 않아 한 번은 뒷산에 올라가 목을 매고 자살을 시도하다 나무를 끌어안고 소리 내어 엉엉 울기도 했다. 그때 뒷산에는 이름 모를 산새들도 소리 내어 나를 따라 우짖는 것 같았다.

마흔아홉의 한창나이에 세상을 떠나려 하니 얼굴에는 눈물이 범벅이 되었다. 하루는 내가 다니는 교회 목사님이 찾아오셔서 기도를 해주셨다. 그리고 목사님께 면담을 했다. "목사님 저는 제 형제가 보고 싶어 죽겠습니다. 헤어져 있어도 볼 수 있도록 기도를 해주십시오."라고 간청을 했다.

그러나 몸이 불구가 된 후 등을 돌린 형제들은 목사님의 기도에도 아랑곳하지 않고 나를 찾지 않았다. 몸무게 38kg에 가녀린 내자는 사리돈 중독으로 시달리고 있었고, 아들은 강원도에 있는 상지대학교에서 야간을 다니면서 주간에는 화장지 공장에 취업하여 학비를 벌어서 보탰다.

이 모든 것을 보고 있는 가장의 찢어지는 마음은 오장 육부를 칼로 도려내는 고통을 감내해야 해다. 그 약한 몸으로 허드렛일을 하여 한 달 50만 원 봉급을 받아 저의 손에 쥐어주는 아내를 보는 나의 심정은 내장을 도려내는 고통이었다.

매일 받는 물리치료는 큰 차도가 없었다. 그러나 아내가 옆에서 지켜주고 있었기에 마비된 다리를 질질 끌면서 아내 어깨에 기대 지하실 물리치료실로 다니면서 치료를 받았다. 그해 5월 3일 투병생활 중 처음으로 병원 마당으로 나와 태양을 바라보니 태양에 눈이 부시고 어지러웠다.

당시 내 형편에 1주일 50만 원 하는 병원비를 감당하기 너무 힘에 버거워 병원에서 더 치료를 해야 한다는 원장 선생님의 만류를 뿌리치고 5월 18일 퇴원을 하여 집으로 돌아가기로 했다. 그러나 나의 몸 상태는 더욱 악화되어 이러다가 정말 죽는 것이 아닌가 하는 생각이 엄습했다. 희망은커녕 절망의 세계로 자꾸 빠져드는 나 자신이 너무도 힘들었다. 거기다 비싼 병원비를 감당 못해 동서한방병원에서 퇴원하게 된다.

이때 동생 달재가 나를 승용차로 집에까지 데려다준다 하니 '그래도 형제가 정말 좋구나.'하고 생각했다. 그런데 차 안에서 "형 이제는 형제한테 의지할 생각하지 마"라며 힘들다는 표정을 지었다. 나는 이 말을 듣고 당장 차 안에서 뛰어내리고 싶었다.

그러나 말을 듣지 않는 내 육신이 원망스러워 한숨만 내쉬었다. 수십억의 재산을 소유한 아우지만 돈만 알고 형제를 모르는 아우가 원망스러워 눈물만 흘리면서 할 말을 못하고 집에 도착하니 집안은 차갑고 썰렁했다. 마치 저승에라도 갔다 온 것 같았다.

아우 달재가 병원에서 퇴원하여 집으로 오는 차 안에서 형 이젠 형제들한테 의지할 생각하지 말라고 했다고 전하였더니 형님은 큰소리 고함을 지르면서 형제간에 큰 사움만 벌어졌다. 그 과정에서 나는 혈압이 상승하여 금방 죽을 것 만 같았다

버팀목이 되어주던 아내의 빈자리

아내는 나를 보고 울보라고 놀리면서 억척같이 일을 했지만, 시간이 지날수록 통장의 돈은 바닥을 드러내고 있었다. 그래서 94년 9월 1일부터 이발 일을 다시 시작했다. 얼마 지나지 않아 학생 2명이 찾아와서 이발을 해달라고 했다. 손이 말을 듣지 않았지만 정말 억지로 떨리는 손으로 이발을 해주어 8천원을 벌었다.

아내한테 8천원을 벌었다고 자랑삼아 이야기하는데 그때 학생 부모한테서 전화가 왔다. 학생 머리 망쳐놨다고 불벼락 같은 항의 전화였다. 가슴이 덜컹 내려앉았고 전화에 대고 잘못했다고 내일 고쳐준다고 통사정을 했다. 다음 날 그 학생 머리를 다듬어 주고 나니 떨리는 손과 다리의 통증으로 몸과 마음은 천근만근이 되었다.

그 후로 손님만 오면 마음은 덜컹 내려앉았다. 찾아오는 손님에게는 이발 요금은 반값을 받고, 면도는 못한다고 양해를 구했다. 몸은 말을 듣지 않으니 가슴은 점점 숯처럼 타들어갔고 하염없는 괴로움에 힘을 달라고 기도했다.

마비된 몸으로 이발을 하니 손님 머리를 망쳐서 혼도 많이 났고, 보기 안쓰러웠는지 본인이 안타까워서인지 만 원을 그냥 주고 가는 손님도 있었다. 하지만 그 돈은 당장 어려운 살림에 큰 보탬이 되었다.

그런대로 세월은 흘러서 아들 경호가 의경으로 입대하게 되었다. 아들이 집을 떠나는 날에 억장이 무너진 심정은 지금도 먹먹하다. 아픔은 뒤로한 채 1993년 9월 금현리 집을 처분하고 이발소 주변에 조그만 땅을 구입해 1997년 7월 19일 아내와 즐거운 마음으로 입주했다. 많은 분들이 축하해주었고 그나마 조그만 행복은 어두운 삶에 한 줄기 빛으로 다가왔다.

서러운 생각 다 묻고 이겨내겠다는 생각에 청소 빗자루를 잘라 지팡이를 만들어 화장실도 다니고 했지만 명원에서는 잘 걸어 다녔는데 집에서는 왜 이리 힘이 드는지 치료도 못하고 침도 맞지 않으니 몸은 천근만근이 되었다.

힘이 들 때는 쉬면서 찹쌀떡을 꺼내 나누어 먹었는데 옛날이야기하면서 아내는 한 개를 먹고 나에게는 네 개 먹으라고 했다. 그렇게 나를 위하여 아낌없는 모든 것을 주었던 아내를 생각하니 가슴이 답답하고 눈물이 눈앞을 가렸다.

투병생활에 피눈물은 계속되었지만 누구 한 사람 찾아와서 위로하는 사람도 없고 오직 신앙에 힘을 빌려 병마와 싸운 것은 글로 다 옮길 수가 없다. 차라리 하루속히 하늘나라로 가고픈 심정이었다. 어찌하여 이 몹쓸 병에 걸려 이런 고생을 해야 하는가 너무 원망스러워 눈물만 흘렸다.

장애인협회 고문 제안은 새로운 전환점

1998년 새 학기가 되었는데 학비 줄 돈이 마련되지 않았다. 대출을 받아 강원도 상지대학에 다니던 아들을 대진대학 야간으로 편입시켰고 대학구내식당에서 낮에는 아르바이트, 밤에는 수업을 받았고, 토요일과 일요일에는 인력시장에 나가서 일을 하며 학비를 보탰다.

아카시아 꽃이 시들어 가는 시기에 억지로 손님 이발을 했더니 피곤하여 잠깐 잠이 들었다. 그때 "정호야 정호야."하면서 누군가 잠을 깨우기에 눈을 떠보니, 나이가 들어 보이는 장애인이 목발을 짚고 찾아와 명함을 받아보니 포천지체장애자협회에 김영환 회장이라는 분이었다. 그리고는 난데없이 나에게 장애자협회 고문을 맡아 같이 일을 하자고 권유하여 사양했지만 계속되는 권유에 못 이겨 허락을 하였다.

며칠 후에 다시 후배의 승용차편으로 재활작업장을 방문하게 되는데 수중에 가진 돈이 없어, 하루에 천 원씩 모아두었던 작은 돈으로 요구르트와 빵 등을 사가지고 장애인협회 사무실에 갔다.

거기는 지팡이 한 개를 사용하는 분, 지팡이 두 개를 사용하는 분 휠체어만 사용하는 분 등 여러 명이 있었는데 얼굴들은 모두 밝아 보였다. 거기서 지팡이를 하나만 사용하며 생활을 하니 행복한 사람이라고 말하였더니, 두 개로 걷는 분이 한참동안 말이 없다가 "고문님의 말씀이 맞다"며 웃었다.

미용기구를 챙겨 신북 장애인 작업장을 방문하면서 빵, 요구르트 몇 개를 가지고 아들과 함께 저녁을 먹는데, 아들이 등록금 이야기를 하기에 "알았어."하고 대답은 하였지만, 등록금을 어떻게 마련하나 생각하니 정신이 멍했다. 남에게 돈을 빌리지도 못하는 입장이었는데 아우와 형님은 내가 혹여 돈 부탁할까봐 연락도 두절된 상태였다.

결국 아들은 대전 처남에게 알바해서 돈을 부치겠다고 등록금 50만 원을 부탁하니 처남은 알았다고 대답을 했다. 며칠이 지나 처남한테서 50만 원을 받아 등록금을 냈지만 매일매일 생활비와 나의 약값 그리고 세상의 모든 물가는 너무 비싸게 느껴지고 콩나물로 국만 끓여서 생활하기도 힘이 들었다. 몸이라도 정상이면 막노동판에서라도 일을 하겠건만 답답한 마음을 가눌 수가 없었다.

초여름이 지나고 땀이 많이 흘러내리는 더운 여름이 되었고, 산에는 녹음이 우거지고 산과 들에 새소리가 들려오던 어느 날 '석가탄신기념일 특집방송'으로 KBS방송국에서 미스코리아 몇 분이 포천 산정호수에 방문하여 봉사 촬영을 하기에 본인도 참석했다. 1, 2급 장애인들 누워서 천장만 바라보며 생활하는 포천의 장애인 50여명이 선정되어, 산정호수에서 놀이기구도 타고 즐거운 야외활동을 하는 동안 나도 절룩이면서 휠체어를 밀고 다니며 즐거운 하루를 보냈다.

여보, 내일이면 사랑하는 아들 정호가 결혼을 한다는데

2001년 10월 먼 산에는 단풍이 물든 늦가을 모범장애인으로 선정되어 경기도지사 초청으로 오전 11시까지 정장차림의 단정한 복장으로 수원월드컵경기장으로 오라는 전화가 면사무소 직원으로부터 걸려왔다.

설레는 마음으로 승용차를 타고 수원을 향해 가는 도중 몇 군데 검문소 경찰관들이 나를 보고 경례를 하여 이상하다고 생각하였지만 기분은 좋은 편이었다. 기다리던 수원 어느 호텔에 도착을 하였다.

호텔 옆 잔디밭에는 사복차림의 전경들이 완전 포위한 모양으로 호텔주변을 경비하고 있었다. 느낌이 이상했다. 호텔을 들어가려는 입구에서 포천 군수님도 만났는데 알고 보니 김대중 대통령 초청 오찬에 초대 받았던 것이다.

호텔 입구에서 모덤 장애인 166번 포천 마크를 단 나는 사복차림의 경관들이 몸수색을 세밀히 받고서, 호텔에 들어서니 앞 로비에는 봉황 그림이 있으니 이것이 꿈인지 생시인지 이상한 느낌이 들었다.

이어서 미리 대통령님 접견 예행연습을 했고 조금 지나니 김대중 대통령님은 이 여사님과 등장했다. 일어서서 기립박수로 내외분을 맞으니 뒤에는 도지사와 경제수석 등이 등장했다. 이날 나의 옆자리에는 머리가 흰 사람이 앉아있었다.

드디어 대통령님 내외분이 많은 분들과 악수를 하고 기다리던 점심식사를 하게 되었는데 생각했던 식사와는 다르게 소박했다. 간단한 나물, 생선, 소고기국, 전 등 밥은 반공기 정도 건배 시간에는 포도주 정도였다. 이어 건배가 이어졌고 호텔 안에는 각 지역 추천인 약 3백여 명 신사들이 참석하여 난생처음 대통령과 식사 시간을 자졌다.

2003년 2월 말경 정호와 저녁식사를 마치고 방에 있는데 아들 정호가 나한테 할 이야기가 있다고 말문을 열었다. "장가가고 싶다"는 말이었다. 나는 "무슨 장가냐"고 깜짝 놀라서 아가씨와 데이트 한 것은 알았지만 실업자고 인력시장 나가는 형편에 무슨 장가냐고 했다.

아들 말로는 여자 쪽 어머니가 아버지 모르게 패물을 준비를 했다면서 "몇 일내로 상견례를 하고 싶다"고 했다. 전에 7~8년 동안 사귀던 아가씨와는 어머니도 없고 아버지도 장애인이었기 때문에 헤어졌던 생각을 하니 반갑기도 하고 걱정이 앞섰다.

2월 마지막 주일 의정부 식장에서 상견례를 약속을 하였고, 이런저런 생각에 뜬눈으로 잠을 이루지 못했다. 드디어 상견례 날에 송우리 누님과 나와 정호 세 식구는 후배 용준이 승용차 편으로 의정부 한 식당에서 신부 부모와 상견례를 하였다.

신부부친은 우체국 정년퇴직을 하고 지금은 소포박스 납품하는 일을 한다고 하고, 신부모친은 가정을 꾸려가는 현모양처로 보였다. 이런저런 딸과 아들 이야기로 2시간 정도 시간이 흘러 결혼식 날짜를

5월 19일 일요일 오후 1시 50분으로 예약을 했지만 아들은 백수고 나는 지금이나 예전이나 돈벌이는 시원찮은데 아들의 장가 생각을 하니 낮이나 밤이나 결혼 걱정으로 누구와 의논할 사람도 없었다.

시간이 흘러서 결혼 날짜가 임박하였으나 결혼식 날에 입을 양복이 없는 것을 송우리 누님께 이야기를 하니 여의도 아우가 백만 원을 부쳐왔다. 양복은 포천향교전교 이윤우 선배님께 부탁을 해 송우리에 가서 20만 원을 주고 양복 한 벌을 준비할 수 있었다. 청첩장은 3백장을 준비하고 어디로 전할까 걱정했지만, 그런대로 3백장을 모두 보냈다.

결혼 전날이다. 나는 아내의 산소에 찾아가서 하소연을 했다. "여보, 내일이면 사랑하는 아들 정호가 결혼을 한다는데 당신은 여기 누워 있으니 내 맘이 답답하여 당신하시는 주님의 크신 권능과 사랑이 있으니 걱정하지 마시오. 내일 결혼식을 올리고 와서 당신께 전하겠소, 이 못난 남편을 용서하시오."기도를 드리면서 산서를 떠나 집으로 발길을 돌렸다. 아들과 의정부 낙원예식장에 도착했더니 생각지도 않는 많은 손님으로 식장이 가득 차고 있었다.

결혼식은 오후 1시 50분에 시작됐는데 나는 송우리 누님과 같은 자리에 앉았다. 정호 처는 연신 눈물만 흘리고 있지만 신랑입장에 새 신랑 정호는 싱글벙글하며 입장하는 모습을 보고는 속으로 '언제 철이 들까' 생각이 들었다. 주례는 현재 포천향교의 전교님이신 이윤우 선배님이 맡아 주셨다. 결혼식이 끝나고 아들 내외가 필리핀과 태국 등 동남아로 신혼여행 떠나는 것을 마중하고 집으로 돌아왔다.

부담스러우실까봐 연락을 하지 않았는데도 와주신 포천신문 대표님, 아름답고 귀한 말씀으로 주례사를 해주신 이윤우 포천향교전교님, 물심양면으로 평소 많은 도움을 주는 가산면 주민, 대전 처남, 일부러 찾아오셔서 축하해 주신 모든 분들에게 감사드린다.

흘러가는 세월은 야속하지만 어느덧 2011년 봄, 포천에서는 장애인의 날 행사를 하지 않는다고 했다. 이 소식을 전해 듣고 이런저런 생각과 궁리 끝에 나는 장애인 잔치를 준비했다. 4월 20일 아침 일찍 일어나서 청소도 하고 손님 맞을 준비를 했다. 파출소 순찰차로 장애인의 교통편의를 제공하며 하나둘씩 행사장에 도착하는 장애인들의 얼굴에는 기쁨과 즐거움의 만남에 얼굴에 미소가 가득해 서로 반갑게 인사를 나눴다.

효도하고 싶은 마음은 다 똑같은 마음이지만 물질도 부족하고 건강도 부족하여 생각과 궁리 끝에 청와대 효도관광을 생각했다. 우선 가산과 연천지역 노인 69명을 대상으로 청와대 민원실과 신원확인을 하는 것도 주민번호가 틀려 여러 번 반복하고 나서야 신원확인 절차를 끝냈다.

기다리던 6월 29일 아침은 맑고 푸른 하늘은 가벼웠다. 노인들의 마음은 더욱 맑고 들뜬 기분으로 면사무소 앞으로 집결하여 옹기종기 모여 앉아 담소를 나누며 버스를 기다렸다. 버스가 도착하니 어린아이처럼 들떠서 차에 올랐다. 차창 밖으로 바라보며 서울구경을 하고 흥겨운 시간을 보내는 동안 어느덧 버스는 경복궁 뒤뜰에 도착했다. 마중 나온 경호원들은 일일이 신원확인을 마친 뒤 청와대 정문으로 일행을 안내했는데 생각했던 것보다 청와대 경찰관들의 친절함에 너무 놀랐다.

장애인을 휠체어에 태워서 일일이 청와대를 안내하면서 성심 성의껏 대하는 모습에 감명을 받았다. 노인들은 화면에서만 보던 청와대를 돌아보며 '대통령님은 여기서 집무하실까' 등 호기심에 가득 찬 기색이 역력했다. 초여름에 지칠 법도 하건만 노인들의 얼굴에는 지친 기색 없이 웃음꽃을 피우는 모습을 보니 이것이 바로 효도관광의 기쁨이었다. 버스는 청와대를 떠나서 인천공항으로 갔다.

버스는 바닷가에 도착하여 횟집에 들려 신선한 회에 소주 한 잔으로 중식을 마친뒤 해물시장에 들려 각자 어류를 사가지고 차에 타니 차 안에는 왁자지껄 흥타령 노래가득, 서로에 장기자랑을 뽐내며 버스는 어느덧 출발했던 면사무소에 도착했다. 아쉬움을 뒤로 한 채 청와대 효도관광은 다음을 기약하면서 즐거운 하루를 보냈다.

이웃을 돕고 싶지만 도울 방도가 없었다

아들이 신혼여행을 마치고 돌아왔다. 아들과 며느리의 큰절을 아내 없이 혼자 받고 있자니 슬퍼졌다. 그래서 다음날 아침에 조반을 마치고 아들과 며느리와 함께 처의 산소에 가서 신혼여행을 다녀왔다고 인사를 올렸다. 실업자인 아들이 결혼을 하니 가정에 경제적인 어려움이 더 커졌다. 아들은 여기저기에서 일을 했지만 모든 것이 힘들었다. 아들이 인력시장을 전전하는 동안 며느리는 한 달의 20여 일을 친정에서 보냈고 안정적인 생활은 불가능 했다.

시간이 흘러 추석 명절이 돌아왔다. 추석날 아침에는 아들과 며느리가 아내의 제사상을 준비하느라 새벽부터 분주했다. 그런데 내 방에서 잠시 들여다보니 아들과 며느리가 말다툼을 하고 있었다. 아들이 며느리에게 음식을 제대로 못한다고 야단을 치니 싸움으로 번졌고 며느리는 울면서 밖으로 나갔는데 훌쩍, 훌쩍 우는 며느리의 모습을 바라보는 내 심정이 안타까웠다.

내 신세가 어찌하여 몸도 망가지고 처도 세상을 먼저 간 것인지, 매일같이 원망하지만 나는 운명으로 받아들이면서 울면서 나가는 며느리를 달랬다. 아들에게는 야단을 치면서 혼을 냈다.

어느덧 추운 겨울이 되었다. 몸서리치게 추웠지만 보일러를 땔 기름이 없어서 매일 외출로 맞춰 놓고 생활했다. 두꺼운 내복을 입고 이불을 머리까지 뒤집어쓰고 잠을 청하도록 아들 내외가 일산 처가에서 반찬 등 모든 것에 도움을 받으며 살고 있지만 서로 사랑하고 협조하면서 사는 것에 늘 감사한 마음을 가지고 감사기도를 올렸다.

개나리, 진달래 피는 봄이 돌아왔고 장애인의 마음도 꽃향기에 취해 봄을 느꼈다, 금년 4월 20일에도 장애인의 날 행사가 없는 것을 확인했다. 생각 끝에 지인들을 설득해 조금씩 찬조금을 지원받아서 장애인의 날 행사를 준비했다.

많은 분들의 협조로 준비를 하지만 차량지원에 차질이 생겼다, 전화로 일일이 연락을 하니 모든 분들은 반가운 마음에 참석을 약속했다. 음료수와 막걸리를 제공하신 분, 떡 한말을 약속하신 분 등 많은 찬조로 행사준비를 마치고 집에 돌아와 감사한 마음으로 무릎을 꿇고 기도를 올렸다.

20일 아침 마을 서울식당에 나가서 행사 준비 중인 주인에게 모든 것을 잘 치르게 해달라고 부탁을 하던 중에 장애인 분들이 하나둘씩 식당으로 반갑게 인사를 나누면서 들어왔다. 나는 거기서 나도 몸이 성하지 않지만 장애인 상호간의 화합과 친선을 도모하기 위해 불굴의 의지로 모든 것을 극복하자며 참석자들을 격려했다.

이날 장애인들은 서로 괴로움과 고독을 함께 나누며 즐거운 식사시간을 가졌다. 즐거운 미소로 서로의 고통을 막걸리 한 잔에 담아 나누는 모습에서 진심과 사랑이 넘쳤다. 그리고 아름답고 희망찬 내일을 설계하는 모습에 감명을 받았다.

식사가 끝나고 찬조금 일부가 남아서 의논하여 참석한 장애인 중에서 가장 어려운 3명을 선별해 성금을 전달했다. 서로의 화합의 길로 전진하기를 마음으로 빌면서 일일이 악수를 청했다. 힘내시고 건강하게 사시면서 행복과 영광의 날을 찾아 올 거라고 말했다.

2003년 6월 중순, 스포츠머리를 한 40대 남자가 나의 이발소를 찾아왔다. 본인을 "포천경찰서에 근무하는 정 경사"라고 소개하면서, "포천경찰서 계장님께서 이곳을 찾아가 인사를 하라는 연락을 받아 정보계 직원으로서 가산을 담당하기에 방문했다."고 말했다.

그렇게 이런 저런 이야기를 나누면서 정 경사가 봉사를 좋아하는 사람이라 하기에 나와 함께 봉사를 하는 것은 어떻겠냐고 하니 쾌히 승낙하며 약속을 하고 커피한 잔을 나누고 갔다. 나는 경찰이 봉사를 같이 하자는 말에 큰 감명을 받았다. 우리사회에는 안일한 경찰을 가끔 볼 수 있는데 정 경사는 진실로 사랑을 나누는 분이었다. 시간은 한 달 정도 지나서 마산2리 사는 김 노인이 이발소에 왔다. 그 노인은 이발을 하고는 나한테 자신의 딱한 사연을 털어놓았는데, 그 내용을 들어보니 기도원에서 생활을 하다가 나와서 동네에서 살고 있는데 월세 방에 살면서 가전제품이며, 이불이며 살림도 없이 홀몸으로 생활을 한다고 했다.

그 말을 듣고 나는 이불, 식기 등 생필품을 전달하였지만 나조차 힘든 형편에 어찌할 도리가 없었다. 그때 마침 정 경사 생각이 나서 그에게 딱한 사연을 전달했다. 그리고는 그 마음으로 위로하고 격려하면서 아름다운 우정의 친구로서 대화를 나눴다.

어느 날, 하루는 손님도 없고 하여 나의 머리를 염색하고 있는데 정 경사가 트럭에 냉장고, 선풍기, 세탁기 등 중고 가전제품을 싣고 왔다. 나는 마음의 기쁨을 무어라 말할 수 없이 너무 기뻤다. 정 경사가 시간이 없다 하며 나는 얼른 트럭을 타고 김 노인 집으로 향했다.

김 노인에게 선물을 전해줄 생각을 하니 차를 타고 가는 기분은 천국여행보다 더욱 즐겁고 행복해 신바람이 났다. 집에 도착한 후 김 노인을 불러 정 경사와 같이 냉장고 등 가전제품을 전달하고 이발소로 돌아왔다.

뜬구름 같이 세월이 흘러 2004년 추운 겨울이 되었다. 함박눈이 온 대지를 흰 동산으로 만들었고 며느리는 만삭이 되어 친정에 가있었고, 나는 아들과 생활하면서 식사를 해결하는 형편이었다.

2월 말이면 할아버지가 된다는 생각에 무척이나 기뻤다. 며느리가 아기를 태어나면 목돈을 준비해야 한다는 친구들 말을 듣고 나에게는 거금인 30만원을 준비하며, 할아버지 되는 날을 손꼽아 기다리는 중이었다. 드디어 2월 26일, 며느리가 어여쁜 손녀딸을 순산했다는 소식을 전해왔다.

1994년 1월 1일 새해 아침 나의 형제들은 우리 집에 모여서 신년을 맞았다. 형과 아우가 위로금을 주고 갔다. 없는 살림에 치료비로 사용할 수 있어서 너무 고마웠다. 그런대로 명절을 보내고 추운 엄동설한에 학교 운동장을 밤마다 열 바퀴 이상을 돌았지만 회복의 기미는 없었다.

제대하고 돌아온 아들 정호는 보름 정도 집에서 휴식을 하고 아버지 병원비와 생활비를 충당하려고 인력시장으로 노동판으로 일을 나갔다. 정호는 밤마다 내 몸을 주무르고 처는 대소변을 받아주면서 고생만 했다.

또한 치료비를 보태겠다고 가산면 방축리 신발공장에 취업을 해 출근했고, 내자에게 너무 고생을 시켜서 미안했다. 그 모습이 너무 안쓰러워서 아내가 퇴근할 때쯤 1.5km 덜어진 곳까지 마비된 다리를 질질 끌면서 마중을 나가면 내자는 왜 나왔느냐고 야단을 치지만 함께 걸어오는 그 길이 너무도 고마웠다.

하지만 다소나마 안정되어가는 가정에는 청천벽력과 같은 날벼락이 덜어졌다. 그동안 나의 병수발을 하며 가정을 이끌어 오던 사랑하는 아내가 10월 31일 아침 9시 30분 저혈압으로 운명을 달리했다. 하늘이 무너지고 땅이 꺼지는 아픈 그 심정을 글로 표현할 길이 없다. 쓰러진 아내를 부둥켜안고 대성통곡을 해봐도 싸늘하게 식어가는 아내는 영영 내 곁을 떠나고 말았다. 노동판에서 생활비를 벌어 보겠다고 나간 정호는 엄마의 사망 소식을 듣고 달려와 목 놓아 대성통곡을 하지만 엄마는 말없이 세상과 이별을 했다.

11월 2일 가전 친지들이 모여 집 근처 있는 공동묘지에서 아내의 상여가 떠나가는 모습을 보면서 장례식장은 온통 울음바다가 되었다. 이 슬픔과 아픔을 어떻게 표현해야 할까? 사랑하는 아들 정호와 이 못난 남편을 버리고 한 많은 세상을 하직하고 말없이 떠나고 말았다. 장례를 마치고 매일 아침 산소를 찾아가서 이승에서 못다 한 사랑을 하늘나라에서 마음껏 사랑할 것을 무덤 앞에 꿇어앉아 눈물로 기도를 올렸다.

처가 살아생전 감을 잘 먹고 좋아했었기에 산소위에 감을 놓아두었더니 가지가 쪼아 먹었다. 마음속으로 까치야 하늘나라에 가서 정호 엄마랑 같이 나누어 먹어야 한다고 부르짖는 심정이 쓰리고 아팠다. 그리고는 이제 어려운 이웃을 위해 이발봉사를 하려고 마음먹었다.

내가 팔자 좋은 사람이라고 환갑을 하느냐

3월 초, 따뜻한 봄날이 되자 눈이 녹은 길은 미끄러웠다. 아들과 나는 손녀딸을 상봉한다는 기쁨으로 마음은 먼저부터 일산 조산원에 가있었다. 한 시간 반 만에 일산 조산원에 도착한 나와 아들이 바쁜 걸음으로 조산원실 2층에 올라가니, 며느리가 복도에 나와 기다리고 있었다. 며느리는 핼쑥한 모습으로 나를 반기면서 기쁜 마음을 감추지 못 했다.

잠시 후, 안사돈과 인사를 나눴고 "따님께서 귀여운 공주님을 선물하니 너무 기뻐 무어라 드릴 말씀이 없다."라고 감사의 인사를 드리고 미안하다는 말도 전했다. 그리고 귀여운 손녀딸과도 상봉했다.

잠시의 만남이었지만 나는 아쉬움을 뒤로한 채 안사돈께 며느리 몸조리를 부탁하고 다시금 집으로 향했다. 달려가는 차창 밖을 바라보니 저 멀리 보이는 야산은 아직도 눈이 녹지 않았다. 아내와 같이 손녀딸을 반기지 못하는 나의 마음은 얼음이 되어 녹지 않았다.

늦겨울, 엄동설한은 꼬리를 감추고 봄을 재촉하는 비가 오는 밤, 아들은 상의할 것이 있다고 내 방에 들어왔다. 물어보니 딸 수민이 돌잔치 이야기다.

우리 어릴 적에는 백설기, 팥떡, 미역국으로 이웃과 오순도순 아름다운 정을 나눴지만 돌잔치는 어른 회갑보다도 요란 법석인 걸 보니 요즘 세상이 도무지 어려웠다.

청첩장에다 양가 부모며 친지, 친구 모두 모아 놓고 거창한 잔치를 할 모양이다. 의정부 식당에다 예약을 했다고 한다. 경제적인 면이 걱정돼 친구에게 상의를 하니 금팔찌를 준비해야 한단다. 한 푼 두 푼 모은 돈으로 사랑하는 손녀의 돌 팔찌를 준비하고 돌잔치에 지인들을 초대했다.

손녀의 돌잔치 날이 돌아와, 저녁에 식당에 지인들과 도착하니 사돈내외분, 친지, 아들 동료, 한샘학원 강사, 동창 등 많은 분이 참석했다. 나는 난생 처음 사회자가 사회를 보고 식순에 따라 식을 거행하는 성대한 돌잔치를 구경했는데 마음은 편치 않았다. 있어야 할 아내 없이 혼자서 잔치를 치루니 허전하고 쓸쓸했다.

이런 마음도 모른 채 동료들과 어울려 딸의 잔치를 치루는 아들의 모습에서 아들이 지난날을 잊고 현실에 만족하고 있다는 것을 느꼈고 그런대로 내 마음이 놓였다. 지인들에게 술 한 잔씩 권하며 "손녀 딸 돌잔치를 축하해주셔서 감사하다."며 인사와 담소를 나누다보니 시간이 흘러 밤 9시가 되었다.

그렇게 작별을 고하고 승용차 편으로 가산으로 향했다. 누님은 송우리에서 먼저 내리시고 나는 지인들과 다방에 들러 차 한 잔씩을 대접하고 세상 사는 이야기, 돌잔치 이야기를 나눴다, 친구들은 요즘 돌잔치는 너무 화려하고 허례허식이 가득 찼다며 모두가 의아해했다.

지인 분들에게 감사를 올리고 집으로 돌아왔다. 난 걱정스러운 맘에 "정호야, 오늘 잔치에 적자는 나지 않았나?"라고 물으니, 정호는

"아버지 걱정 마세요. 적자 안 났어요."라고 대답한다.

봄이다. 저녁을 마치고 책을 읽고 있는데, 아들 정호가 내 방문을 두드리기에 들어오라고 하니, 아들이 금년 아버지 회갑을 어떻게 했으면 좋겠느냐고 상의한다.

"정호야 내가 요즘 팔자 좋은 사람이라고 환갑을 하느냐"고 했다. 그러면서 "요즘 환갑은 그저 친구, 친지끼리 모여 식사로 대신한데"라고 말했다. 아들은 "용돈 드릴 테니 여행 다녀오세요."한다. 나는 "우리 주변에 어려운 이웃이 많은데……, 나는 장애인들과 같이 환갑날 오순도순 아름다운 담소로 우정을 나눴으면 좋겠다."라고 말하니 아들은 고개를 끄덕하면서 "아버지 생각대로 하세요"하고 방문을 열고 나갔다.

아내가 있으면 여행이라도 가고 싶은 마음이 생길 텐데, 살아생전 아내와 한 번도 여행 못한 것이 후회가 되어 잠이 오지 않았다. "하나님, 부족한 이 죄인을 도와주소서, 금년에 제 환갑을 장애인 · 독거노인, 불우한 이웃과 함께 지낼 수 있게 도와주세요."라고 기도하고 잠을 청했다.

5월 5일 가산의 한 식당에서 예약을 하고 장애인과 독거노인 등 50여 명을 초청했다. 이른 아침부터 평소 도움 주신 식당 여사님을 찾아가니 준비에 한창이었다. 한 분 두 분 모여 식당에 모두 모였다.

후배 길 사장의 양말세트를 선물로 내놓고, 포천시장도 참석하시어 금일봉을 전달하고 따뜻한 사랑의 마음으로 격려했다. 막걸리 한 잔에 외로움과 고독을 함께 나누는 사람들을 바라보는 내 마음에는 기쁨이 충만했다. 괴로움은 나누면 나눌수록 적어진다는 생각을 했다.

시간은 오후 2시가 가까워 일일이 손을 잡고 "힘내시고 사시면 행복과 사랑이 우리를 반긴다."라는 말을 하며 작별 인사를 했다. 남은 음료수, 떡 등 음식을 장애인 몇 분에게 나누어 주고 나는 식당을 도왔다, 일찍 집으로 돌아와서 아들과 오늘 잔치 이야기를 나누었다.

봉사라는 여행은 천국보다도 좋아

내가 가산에 들어와 이발을 시작한 날도 벌써 30년이 넘었다. 지금도 온전치 못한 손으로 일을 하고 있지만 가끔은 세상을 떠난 아내와 아들을 떠올린다. 인생을 여행이라고 하는데 나는 너무도 힘든 여행을 하고 있는 것 같다.

가족을 모두 다 보내고 살아남은 피곤한 몸에도 뇌병변 3급에 지체 2급이라는 장애 꼬리표를 달고 멀리 보이는 하늘을 떠올리고는 했다. 그러나 모진 고통과 시련 속에서도 언제부터인지 이웃과 함께 하는 것이 좋아졌고 늘 가슴 속에는 나라를 사랑하는 마음으로 가슴이 뛴다. 그래서 혼자 남은 여생은 남을 생각하고 더불어 살아가는 일에 바치겠다는 결심을 하였다.

그렇게 봉사라는 이름으로 고민하였고, 무심코 시작한 것이 아이들과 학생들의 등교 도우미 일이었다. 생각하면 가끔 손자나 손녀 같은 아이들이 길을 건너다 사고를 당하는 일을 목격한 적이 있었다. 그래서인지 그 모습이 너무도 안타까워 잠을 이루지 못한 기억이 있다.

아이들의 해맑은 모습을 대할 때면 아들에게 어릴 적에 따뜻하게 손을 잡고 더 많이 걸어가 주지 못한 것이 못내 아쉬움으로 남는다.

이른 아침 그날은 비가 억수 같이 내리는 날이었다. 어떤 아이는 엄마가 우산을 들고 같이 오는가 하면 비를 그대로 다 맞으면서 걸어가는 모습도 모였다. 비를 맞고 힘없이 가고 있는 아이들을 볼 때면 왠지 마음이 아팠다.

가장 기분이 좋을 때는 화창한 가을에 생기가 넘치는 초등학교 아이가 빙그레 목례를 하고 지나가는 모습을 볼 때였고 그러면 마음이 따뜻해 졌다. 그렇게 해를 넘기고 나는 계속해서 학교 앞 교통봉사를 하면서 겨울이 되었다.

입김이 호호 날리는 어느 날 가산초등학교 입구 우체국 앞에서 나는 여느 날과 다름없이 깃발을 들고 아이들의 등교를 돕고 있었다. 날씨가 추워지면 불편한 내 다리는 마비가 되기 시작했고 평소보다 더 힘겨워서 어쩔 수 없이 절름거리는 나의 모습에 이웃 사람들은 걱정을 해주기도 했다.

그렇게 불편한 다리로 하루 거름 없이 우체국 앞자리에서 아이들을 맞이하면서도 유난히 교통안전을 안도하는 봉사는 즐겁기만 했다. 그러던 어느 날 열 살쯤 된 것으로 보이는 아이가 나를 향해 뛰어오면서 "할아버지 안녕하세요."하고는 친구들 속으로 달려갔다.

나는 그 아이에게 "그래 건강하게 공부 잘해라."하고 답하였다. 아이들의 총명한 눈빛과 사랑스런 목소리는 어느덧 얼어서 녹을 줄 모르는 나의 마음을 따뜻함으로 바뀌게 해주었다. 이름이 좋아 봉사이지 아이들을 위한 학교 앞 안전봉사는 오히려 그들의 입김에 나의 상처를 치유한다는 느낌이 들었다.

점점 더 아이들과 친해지게 되었고, 내가 추워보였던지 가끔씩 초등학생이 다가와 따뜻한 핫팩을 손에 쥐어주며 “고맙습니다.”하고는 달려가는 아이도 있었다. 어떤 때는 간식을 가져다주고 가는 학생도 있었고, 옷에 묻은 먼지를 털어주고 가는 아이도 있었다.

11월 어느 날인가 쌀쌀한 날씨에 비까지 내렸는데 혼자서 횡단보도를 지키며 학생들을 안내하고 있었는데, 너무나 추워서 다리를 덜덜 떨고 있을 때면 ‘이제 그만 해야 하나? 봉사도 좋지만 몸이 허락하지 않으니 어떻게 하나’하면서 고민에 빠질 때, 웃으며 인사하고 지나가는 천진난만한 아이들의 미소를 보게 되었고, 그때마다 마음을 다잡고 단 하루도 빠짐없이 방학이 올 때까지 나는 길거리 봉사를 쉬지 않았다.

아이들이 오지 않는 방학이 되어서야 나는 봉사라는 여행은 천국여행보다 우리를 더 기분 좋다는 것을 새삼 느꼈고, 그때마다 사랑스러운 가산초등학교와 경북중학교 학생들이 아무 일 없이 건강하게 보내고 개학하는 그날이 기다려지기도 했다.

이발로 어려운 사람에게 봉사하는 삶

방학 때가 되어 한가롭게 이발소 문을 열고 불편하던 팔에 힘이 조금 들어가면 나는 드디어 가위를 손에 쥐고 다시 이발을 하기 시작했다. 기계를 청소하고 있는데 흰머리에 초라한 노인이 문을 열고 "이발하나요?"하면서 나의 이발소 안으로 들어왔다.

준비를 마치고 가위를 들고나니 그 노인은 관상에 대하여 생각해 본 적이 있느냐고 내게 물어보았다. 나는 사람을 많이 상대하다 보니 얼굴만 보아도 대략 그 사람이 어떤 사람인지를 알 수 있다고 옆머리를 치면서 말했다.

노인은 이야기를 시작했는데 대략 이런 내용이었다. "꿈 하면 혼과 백이 있는데, 혼은 '영', 백은 '육신'을 뜻하고 꿈이란 백이 수면 상태에 있고 영이 활동하는 것을 말하며, 백에서 혼이 떠나는 것은 죽음을 뜻한다."고 했다.

그리고는 "꿈을 쉽게 풀이하면 정반대이고 누구나 보통 돼지꿈을 좋아하지만 돼지꿈도 꿈에 따라 검정 돼지가 무리를 지어 집으로 몰려오는 꿈이라야 좋은 꿈인 것이다. 돼지가 사람을 물어 피가 나면 악몽이고 꿈에 똥이 나오면 돈이 생기고, 죽은 사람이 나오는 것은 흉몽이니 꿈에 조상을 보게 되면 조심해야 한다"며 이야기보따리를 펼쳐 놓았다.

나는 노인에게 "어르신 혹시 역학을 공부하셨나요?"라고 물어보았다. 노인은 들은 체도 하지 않고 자기 말을 이어갔다. "생니가 부러지는 꿈을 꾸면 조심해야 한다. 낭떠러지에 떨어지는 꿈과 하늘을 나는 꿈은 키가 크는 꿈이고, 꿈에 맑은 물을 보는 것은 길운, 꿈에 황토물을 보는 것은 흉몽이다. 꿈에 임금, 대통령을 보면 운이 좋은 것이다."

이야기를 듣다 보니 벌써 윗머리를 정리하면서 나의 병수발을 하다가 세상을 떠난 아내 생각이 영화 필름처럼 지나갔고 나도 모르게 가위질을 멈추었다. 온갖 병치레에 몸을 움직이지 못하는 나를 일으켜 세운 마음 착한 사람이 별안간 쓰러졌을 때, 나는 어찌할 바를 몰라 아내를 부둥켜안고 서럽게 울었고, 마음을 놓기도 전에 싸늘하게 온기를 거두던 모습이 떠올랐다. 살아보겠다고 막일을 하며 애를 쓰던 아들이 달려와 엉엉 울던 모습이 생니가 부러지는 꿈을 조심해야 한다는 노인의 말에서 겹쳐 보였다.

겨울이 다가오던 계절에 나는 아내의 상여가 떠나가던 모습이 떠오르면서 이 못난 남편을 버리고 한 많은 세상을 떠난 아내의 산소에서 눈물을 흘렸던 기억이 떠나지 않고, 이발로 어려운 사람에게 봉사하는 삶을 살아가겠다고 다짐했던 그 약속의 실천을 위해서 힘을 내야겠다는 결심을 다지고 있었다.

"여보 이발사가 왜 가위질은 하지 않고 무슨 생각을 그리 골똘하게 하는 거요?" 정신을 차려보니 노인은 나를 바라보면 의아한 표정을 짓고 있었다. "예, 다 되어갑니다."

다시 이발을 마무리하던 중에도 노인은 계속 말을 이어가고 있었다.

"아마 6.25전쟁이 끝나갈 무렵이었을 것이야. 그때는 신랑이 신부 집에 가서 혼례를 치렀는데, 우리 마을에 복자라는 처자가 혼례를 마치고 지인들이 신랑을 다룬다 하여 거꾸로 매달아 놓고서 빨래 방망이로 발바닥을 때렸지. 지나가던 미군이 시끄러운 소리가 들려서 그 집에 들어가서는 영어로 '이 사람 빨갱이냐'고 물어보았다지 뭔가? 영어라고는 오케이와 땡큐 밖에는 몰랐던 사람들이 오케이라고 웃으면서 말하자 그 미군은 매달렸던 신랑을 총으로 쏴서 죽였지……. 우리 조상들은 결혼하는 신랑의 발바닥을 때려 정력을 촉진시켰는데……."

노인의 이야기가 끝날 무렵 이발도 마무리가 되었다.

죽은 아내의 무덤에서 약속했던 봉사는 이제 나에게 생활이 되었다. 몇 해 전인가 땀이 많이 흘러내리는 더운 여름이었다. 산에는 녹음이 우거지고 산과 들에는 새소리가 들려오던 어느 날 '석가탄신기념일 특집 방송'으로 방송국에서 미스코리아 몇 분이 포천 산정호수를 방문하여 봉사를 하기에 나도 참석했다.

누워서 천장만 바라보며 생활을 하는 1, 2급 되는 포천 장애인 50여 명이 선정되어 산정호수에서 놀이기구도 타고 즐거운 야외활동을 하는 동안 나도 절룩절룩하면서 휠체어를 밀고 다니며 즐거운 하루를 보냈다. 그때 다리를 저름 거리는 아이가 서울 잠실야구장에 가는 것이 소원이라고 주최 측에 말했다.

주최 측은 어린이의 소원이니 다음 주 일요일에 야구장에 데려가겠다고 약속을 하였다. 나도 그들과 함께 가기로 했다. 그렇게 일요일에 야구장에 갈 수 있었고, 동심으로 돌아가 소리를 지르고 홈런에는 손뼉을 치면서 기쁘고 즐거운 하루를 감사히 보냈다.

그 후로 시간이 날 때마다 나는 장애인 작업장을 찾아가서 그들과 대화도 나누고 웃기도 하면서 마음을 나누어 장애를 가진 사람들과 친하게 되었다. 그러던 어느 날 고모리에 사는 장애인 정 씨가 엔진이 달린 휠체어를 타고 나의 업소를 방문했다.

며칠이 지난 후에 한 여인이 김치를 담아 정성스럽게 가지고 와서는 나를 이상한 눈으로 바라보기에 어색했는데, 후에 알고 보니 지인이던 김영환 회장에게 나를 소개해 달라고 부탁했다고 한다.

어느덧 2013년 연말이 되었다. 동전을 모아서 몇 만 원을 만들었다. 이발봉사를 기다리는 장애우들을 찾아갔다. 연말이라고 해도 외부인사들이 시설을 찾아가 격려하는 사람은 없었다. 그들에게 "나는 이발로 여러분을 돕고 있으나 가난하여 자장면 한 그릇씩 시켜줄 돈밖에 없으니 작지만 맛있게 드세요."라고 말하며 양해를 구했다. 그리고 희망을 가지고 살면 반드시 큰 축복과 영광이 반드시 찾아온다는 말로 송년 인사를 했다. 모두 손뼉을 치면서 마음을 나누었다

집에 돌아와 서투른 글을 하나 지었다.

3부

이현재의 관상 이야기

점과 사마귀

우리 인체에는 점과 사마귀가 있다. 점에는 검은 점, 푸른 점, 홍점, 물사마귀, 기타 등이 있다. 머리 양미간에 있는 점은 만인이 우러러보는 점으로 큰일을 할 수 있다고 한다.

부처님은 양미간 중앙에 큰 점이 있다. 이마 양쪽에 있는 점은 무해무독하다고 한다. 이마 양쪽 눈썹에 있는 점은 근심을 뜻한다.

콧등에 있는 점은 구설수 '풍파'를 말하고, 인중에 있는 점은 홍택 '근심'을 뜻한다. 턱에 있는 점은 큰 가옥을 지니게 되고, 입술에 점이 있는 사람은 말을 조심해야 한다. 목에 있는 점은 무해무독함, 가슴에 있는 점은 부부운이 양호하다.

배에 있는 점은 식복을 말하고, 손바닥에 있는 점은 길운을 뜻한다. 음양 관계로 손바닥에 점이 있으면 거의가 발바닥에도 있다. 팔과 다리에 있는 점은 칠전팔기형으로 한 번은 대성을 한다.

국부에 있는 점은 음란을 의미하고, 눈으로 안 보이는데 있는 점은 조심을 뜻한다. 필자의 경험으로 보면 등에 북두칠성의 점을 보았는데 그런 분은 산신을 모셔야 한다. 가슴에 우리나라 지도형의 점을 보았는데 그런 분은 팔도강산 유람형이다.

점은 1. 검정, 2. 푸른 점, 3. 홍점 등이 있고 이를 통해 '길', '흉'을 알 수 있다. 물사마귀는 천함을 뜻 한다.

유방상

유방하면 우선 여성의 미를 상징한다. 유방은 동양인과 서양인의 차이가 있다. 서양인은 몸집도 크고 유방도 크다. 동양인은 거의 서양인보다 유방이 작다. 필자의 자료에 보면 우선 유방은 탄력이 있어야 건강도 양호하고 매사에 적극적이며 활동력이 있다.

유방에 탄력이 적은 사람은 허약한 체질이다. 요즘은 유방확대수술로 본래의 건강을 해칠 수 있다. 필자의 생각으로는 몸에 칼을 대는 것은 불효라 생각한다.

유방은 다음과 같은 3가지 형으로 구분할 수 있다.

1. 악처형, 2. 현모양처형, 3. 여장부형

1번 형은 가슴이 딱 붙은 사람이다. 1번 형은 연애도 정신적인 연애보다 육체적인 연애를 선호한다. 자식을 낳고 가출하는 형으로 원만한 부부 생활은 잠시뿐이다.

2번 형은 가슴 사이가 손가락 2개정도로 벌어진다. 2번 형은 밤에는 요부, 낮에는 현모양처 남편의 출세를 돕는다. 원만한 결혼 생활로 타의 귀감이 된다.

3번 형은 가슴사이가 많이 넓은 사람이다. 3번 형은 모든 매사에 남성다운 성격이다. 장부의 기상으로 활동력이 강하다. 대범한 성격 소유자다.

유두가 크면 남편 덕이 있다. 유두가 작으면 남편 덕이 적다. 유두가 흰 사람은 과부형이다. 가슴이 올라붙은 사람은 정신적으로 건강한 사람이다. 하체는 약한데 상체가 큰 사람은 자기 꾀에 당한다. 가슴이 큰 사람은 주로 천한 직업을 가지고 있다. 가슴이 작은 사람은 머리가 명석하다. 재치가 있고 부지런하다. 가슴이 큰 사람은 동작이 느린 편이다.

가슴은 몸의 체형에 따라 적당히 크기가 안 맞는 사람이 대운의 형이다. 가슴은 십중팔구 짝이 맞지 않는다. 필자의 생각으로는 선천적인 가슴을 보전하는 것이 길운으로 가는 지름길로 생각 된다. 필자의 기술은 통계학 미신을 조성할 생각은 없다. 재미로 보는 유방상 이야기다.

배꼽상

중국 당나라에 추흥이라 하는 사람은 상가집을 방문하며 배꼽의 육태를 연구했다.

배꼽이 튀어 나온 사람은 돈을 벌어도 낭비 형이다. 배꼽이 쑥 들어간 사람은 축재형. 배꼽은 일자형이 가장 양호한 상이다. 일자형은 금전운, 재운, 결혼운이 따르고 원만한 가정생활로 늘 웃음꽃 피는 생활을 한다.

배꼽은 탯줄을 자를 때 영향을 받는다. 선천적 배꼽도 후천적으로 운세에 따라 변하기도 한다. 필자의 생각으로는 배꼽노출은 미풍양속을 그르치므로 노출을 삼가는 것이 좋다고 생각한다.

보통 배꼽이 큰 사람은 천한 직업을 소유하고 있다. 배꼽이 작으면서 깊이 패인 사람은 큰 부자가 된다. 배꼽이 웃는 듯한 웃음형은 만인의 귀감이 되는 성격을 소유하고 있다. 밑으로 처진 배꼽은 울음형 배꼽으로 천인상이다. 배꼽은 체형과 비율이 맞아야 한다.

주로 몸집이 큰 사람은 배꼽이 작다. 이런 경우는 재물운이 있다. 체격은 작은데 배꼽이 큰 사람은 가난하다. 필자의 조사로 보면 배꼽은 웃음형, 울음형, 침묵형, 고민형, 불안정형 등 여러 형태로 구분된다.

필자는 미신을 조장할 의도는 없다. 재미로 보는 배꼽상 이야기다.

수상 <손금>

수상하면 우선 선천적인 손금과 후천적인 손금이 있다. 선천적인 금은 부모님으로부터 물려받은 금을 말하고 후천적인 금은 그때그때 운명으로 인하여 변한 손금을 말한다.

수상하면 우선 그 사람의 손이 두꺼운 사람은 일복이 많고 지능 발달이 느리다. 손이 얇고 손가락 마디가 길고 잘 발달된 사람은 지능이 발달되어 있다. 또한 만능 기술 습득에 탁월하다. 후천적으로 노동으로 인하여 손금이 변하는 수도 있다. 필자의 경험으로 보면 손이 예쁜 사람은 모든 이의 귀감이 된다. 만능 재능으로 모든 이의 칭송을 받는다.

손금은 3대 주요선이 있다.

1. 운명선

선이 선명하고 잔금이 적고 끊어진 선이 없는 선은 평생을 '건강'하게 살고 평탄, 풍파가 없다. 운명선이 긴 사람은 장수한다. 재운, 출세운 모든 운세가 길하다.

2. 지능선

선이 선명하고 잔금이 끊어지지 않는 사람은 두뇌 발달이 양호하다. 선이 막히고 잔금 많은 사람은 배움의 길이 험난하고 자주성가 한다. 손금 선이 선명하고 굵은 금은 모든 운세, 건강, 재운, 출세 양호하다.

3. 감정선

선이 우선 선명하고 뚜렷한 금은 마음이 선하고 인정과 덕망이 높은 사람이다. 배려하는 마음, 양보하는 성격, 선이 흐리고 선이 분명치 않은 분은 화를 잘낸다. 옹졸한 성격과 내성적, 소심한 성격으로 볼수 있다.

4. 결혼선

결혼 일부종사형, 재혼형, 이혼형, 부부운, 처복, 남편 바람 형 등을 구분할 수 있다.

5. 자녀선

자녀 중 아들의 것만 가늠할 수 있다. 아들 출세운 등을 볼 수 있다.

6. 해외선

외국에서의 건강운, 재운, 출세운, 기타 등을 가늠할 수 있다.

필자의 경험으로 보면 사람은 손금대로의 운명을 지닌다.

족상 <발>

족상, '발'은 평생을 육중한 몸을 지탱하느라 우리 인체 중 수고를 가장 많이 하는 신체부위다. 이 시간을 빌어서 발에 대한 감사한 마음을 가진다. 족상하면은 발바닥에 금이 많은 사람은 건강운, 재운, 식복운 등 많은 운이 따른다.

발바닥에 금이 적은 사람은 금이 많은 사람보다 운이 적다.

발은 몸 체형에 맞게 신장 180cm이상은 275mm, 170cm이상은 270mm, 160cm이상은 260mm가 적당하다.

발이 자기 체형보다 큰 사람은 자기 꾀에 당한다. 발이 유난히 큰 사람은 힘이 장사다.

발이 작은 사람은 체질이 허약하다. 발톱이 하늘로 향한 사람은 상사에게 반발심이 많은 형이다.

발톱이 안으로 숙여 있는 사람은 매사에 순종형. 발두덩이 얇은 사람은 대체적으로 지능지수가 높다.

발두덩이 두꺼운 사람은 미련다고 하나 다 그런 건 아니다. 발 가운데가 움푹 패인 부분을 마사지를 많이 하면 정력에 좋다.

6.25사변 때의 일화. 농촌마을에서 결혼식을 마치고 신랑 친구들이 신랑을 다룬다 하여 거꾸로 매달아 놓구서 빨래 방망이로 발바닥을 때리는 모습을 보고 지프차를 타고 지나던 미군 헌병이 영어로 빨갱이 인민군이냐고 하는 소리를 듣고 무조건 O.K라고 대답하는 바람에 신랑을 사살했다는 실화가 있다.

우리 발바닥에는 오장의 기가 연결되어 있기에 우리 조상님은 결혼하는 신랑의 발바닥을 때려 정력을 촉진시키는 조상님의 슬기로움에 필자는 감탄을 한다.

항상 어두운 음지에서 세상 구경도 못하고 수고만 하는 발을 청결하게 유지하면 우리 건강을 촉진시키고 길운을 얻는다.

두상 <머리>

두상 '머리'하면 우리 몸을 대표하여 외모로 인정도 받고 불인정도 받는다. 머리엔 털이 13만개~5만개 가량 있으며 하루에 100~200개 정도 빠지는 것은 정상이다. 머리뼈는 약 20여 개의 뼈 조각으로 이뤄져 있다. 아래턱을 제외한 뼈는 움직이지 않는다.

뇌는 대뇌, 중뇌, 소뇌가 있다. 대뇌가 하는 일은 생각, 기억, 판단 등 즉 슬퍼하고 좋아하는 정신작용을 한다. 옛날 속담에는 머리 좋지 못한 사람이 머리통만 크다고 하였다. 의학적으로는 대뇌가 발달한 사람은 두상이 크다.

이마에는 천문, 인문, 지문이 있다. 천문이 끊어진 사람은 부선방수 부친을 일찍 여의고 살아가 초년운이 안 좋다. 이마가 좁은 사람은 마음이 좁다고 한다. 이마가 넓은 사람 마음이 넓다. 천문, 인문, 지문 발달된 사람은 초년, 중년, 말년 운이 양호하다.

눈썹이 많은 사람은 형제가 많고 겁이 많다. 눈썹이 적은 사람은 형제가 적고 겁이 적다.

코가 큰 사람은 성욕이 강하다. 입이 큰 사람 욕심이 많다. 입이 작은 여자는 남자를 좋아한다. 턱이 큰 사람은 힘이 강하다. 귀가 큰 사람은 큰 벼슬을 할 상이다. 부처님 역시 귀가 컸다. 수염이 많은 사람은 정력이 강하다.

얼굴이 계란형이며 성격이 온순하고 온화하다. 선비, 학자, 교수 등이 어울린다. 사각형은 힘이 강하고 고집이 세고 육체노동을 많이 하는 형이다. 기타 삼각형, 팔각형, 육각형 등이 있다. 얼굴이 마르고 안경을 착용한 사람은 신경이 예민하고 소심, 인색하다. 저혈압에 소음인 형이다.

얼굴에 살이 많고 붉은 색깔은 성격이 급하고 몸에 열이 많다. 불의를 보고 참지 못하는 정의로운 형, 태음인 형이다.

얼굴에 나타나는 마음의 향기는 시시각각 운에 따라 변한다.

마음을 비우고 모든 것을 긍정적으로 생각하고 실천하면 아름다운 마음의 향기가 만인에게 축복을 주고 본인 또한 사랑을 받는다.

꿈 <해몽>

꿈, 하면 혼과 백이 있다. 혼은 '영' 백은 '육신'을 뜻한다. 꿈이란 백이 수면 상태에 있고 영이 활동하는 것을 말한다. 백에서 혼이 떠나는 것은 죽음을 뜻한다.

꿈은 쉽게 풀이하면 정반대다. 우리는 보통 돼지꿈을 선호한다. 돼지꿈도 꿈에 따라 틀리다. 검정돼지가 무리를 지어 집으로 몰려오는 꿈은 길몽이다.

돼지가 사람을 물어 피가 나면은 악몽이고 꿈에 똥 <인분>이 나오면 돈이 생긴다. 죽은 사람이 나오는 것은 흉몽이다. 꿈에 조상을 보게 되면 조심해야 한다.

생니가 부러지는 꿈을 꾸면 조심해야 한다. 낭떠러지에 떨어지는 꿈은, 하늘을 나는 꿈은 키가 크는 꿈이다. 꿈에 맑은 물을 보는 것은 길운, 꿈에 황토물을 보는 것은 흉몽이다. 꿈에 임금, 대통령을 보면 운이 좋다.

꿈에 아름다운 여인을 보면 구설수에 오른다. 꿈에 옛날 애인을 보는 것은 현 생활에 불만을 느끼고 있다는 뜻이다. 꿈에 싸움을 하고 피를 보면 운이 좋다.

꿈은 깊은 수면상태가 아닐 때에 꾸는 것이다. 꿈을 자주 꾸는 사람은 피로가 적게 풀린다.

혼과 백이 깊은 상태로 돌아가면 꿈을 잘 안 꾼다. 꿈을 잘 안 꾸는 사람도 종종 있다.

가급적 꿈은 안 꾸는 것이 건강에 좋다.

4부

기고글

봉사하는 기쁜 마음

저는 포천시 가산면 소재 통일이발관을 운영하는 이발사입니다. 저는 약 30여 년 전에 가산면에 전입하여 이발관을 운영하고 있지만 엄청난 시련을 겪으면서 사랑하는 아내와 아들을 하늘나라로 먼저 보내고 사고로 인하여 지금은 뇌병변 3급 장애인, 지체 2급에 해당합니다.

하지만 모진 고통과 시련 속에서도 저는 주님을 의지하고 열심히 살아가고 있고, 비록 장애인이지만 늘 이웃과 나라를 사랑하는 마음은 변치 않고 있습니다. 저는 취미가 봉사이기에 물질도 건강도 부족하지만 오른손만이라도 자유롭게 움직일 수 있는 것에 감사하며 꾸준히 봉사활동을 이어가고 있습니다.

특히 최근에는 출근길에 가산초등학교 학생들이 길을 건너는 모습이 너무 위험해보여 윤영철 교장선생님께 직접 허락을 맡고 등굣길 안전지킴이 자원봉사를 하고 있습니다.

학생을 향해 내가 먼저 인사하면 반기며 대답하는 손자 손녀 같은 아이들의 사랑스런 목소리가 얼어붙은 내 몸을 따뜻하게 녹여줍니다.

등굣길 안전지킴이 봉사활동을 하다 보니 가끔은 따뜻한 핫팩을 손에 쥐어주고 가는 학생도 있고 간식거리를 가져다주는 학생, 내

옷에 묻은 먼지를 털어주는 학생들도 있었습니다.

한 번은 11월 쌀쌀한 날씨에 비까지 내리는 날 이틀이나 혼자서 40여 분 동안 등굣길을 지키는데 너무나 추워 다리가 덜덜 떨리는 와중에도 아이들의 미소를 생각하며 단 하루도 빠짐없이 방학 때까지 봉사활동을 무사히 마쳤습니다.

봉사라는 여행은 천국여행보다 우리를 더 기분 좋게 만듭니다. 사랑하는 가산초등학교, 경북중학교 학생들이 다음 개학하는 날까지 아무 일 없이 건강하게 지낼 수 있도록 하느님께 기도를 올려본다.

나는 건강이 허락하는 날까지 사랑의 깃발을 휘날릴 것을 주님께 약속 하면서…….

효자다리의 전설

지금으로부터 약 백여 년 전의 이야기다. 경기 안성고을 차령산맥 줄기, 남으로는 충청도, 북으로는 경기 땅에 송천이라고 하는 시골마을이 있었다. 앞 시냇가에는 버들강아지, 건너 벌판에는 나물 캐는 아낙네의 웃음소리, 시냇가 개울 풀숲에는 음매 음매 엄마 찾는 어린 송아지소리가 들리는 한적하고 고요한 농촌마을의 아침 햇살은 유난히 밝기만 했다.

공팔이네는 자갈 세 마지기를 농사지으면서 웃음의 꽃이 떠나지 않는 화목한 가정을 꾸리고 살고 있었다. 낮이면 농사일을 하고 밤이면 호롱불 밑에서 천자문, 명심보감 등 한학을 외우는 소리가 들리는 행복한 가정이었다.

어느 따뜻한 봄, 개나리 진달래 만발한 날이었다. 공팔이네 아버지는 아침을 일찍 먹고는 과거 시험을 보러 초라한 봇짐 뒤에 짚신 몇 켤레를 매달고 한양으로 떠났다. 어머니는 조석으로 장독대에 정화수를 정성들여 떠놓고 촛불을 밝혀 아버지의 급제를 천지신명님께 빌고 또 빌고 하는 즈음 인편으로 아버지의 급사소식이 들려왔다.

그러나 공팔이는 마음을 가다듬고 풍수학자를 찾아가서 부친의 산소자리 명당을 찾아 건너 산 양지 바른 곳에 정성껏 안장을 했다.

얼마 후 가세가 기울어 어머니는 부잣집 허드렛일을 시작하고 공팔이네 형제는 산에서 나무를 하며 가정을 꾸려갔다.

그러던 어느 함박눈이 소복소복 쌓이는 한적한 겨울밤, 공팔이가 잠에서 깨었는데 어머니가 잠자리에서 일어나 살며시 밖으로 나가시는 것이 아닌가?

어머니의 기행이 며칠씩이나 계속되자 공팔이 형제는 어머니의 발자국을 따라 뒤를 쫓아가니 아버지의 산소였다. 공팔이 형제는 그런 어머니를 위해 냇가에 돌다리를 놓아 효도를 했다는 전설이 있다. 그 다리는 오늘날까지도 효자다리라고 불러지고 있다.

나라사랑 하는 마음

저는 지금 이 글을 쓰면서 내가 정말 국가와 민족을 위해서 무엇을 어떻게 해야 하고, 또 이 나이가 되도록 어떻게 살아 왔는가를 새삼 반성하면서 살아온 길과 나아갈 길을 생각하렵니다.

본인은 1945년 3월 14일 경기도 안성군 일죽면에서 부친 이간희 모친 조호남 사이에서 태어나 고향에서 초등학교 5학년 때 가난한 생활을 이겨보려는 부모님을 따라 답십리로 이사하였습니다. 가난 때문에 어렵사리 졸업을 하였으나 끝내 고등학교에 진학을 못하였습니다.

집안의 생계를 돕기 위해 어린 나이에 할 수 있는 그 어떠한 일도 가리지 않고 세상사는 방법을 배워보지만 모든 것이 생각같이 되는 것은 없었스니다. 이에 저는 닥치는 대로 막노동, 행상, 술 배달 등을 했습니다. 그래서 장기적인 안목을 생각해서 이용기술을 배웠습니다. 하여 군에 입 하여 군에서 장병들에 두발을 책임지고 30여 개월을 복무하고 제대를 하였습니다.

1975년. 3월 1일 너무나 사랑하였던 아내, 지금은 하늘나라에 가 있는 아내와 결혼을 하여 부유하지도 않고 많이 배우지도 않았지만 그래도 서로 의지하며 부족한 것을 채우며 살았습니다. 그래도 저의 마음은 항상 그 무엇인가를 생각하지만 쑥스럽고 선뜻 나서고 싶지 않은 육신과 정신적으로 국가와 민족을 사랑하는 마음을 표현할 방법을 모색하며 사는 습관을 가지게 되었던 것입니다.

하루에도 몇 명씩 오는 어린 손님을 상대로 짧은 시간이지만 이발하는 시간에 옛말로 국가가 존재해야하는 것과 민족 간에 서로 사랑해야만 한다는 것을 수십, 수백 번씩 강조하며 즐거울 때 서로 나누고 괴롭고 힘이 들 때 서로를 위해서 희생을 해야 한다면 머지않아 우리나라는 세계 강국이 될 수 있다는 것을 매일매일 가슴으로부터 울려 나오는 마음으로 외치며 살아가는 저입니다. 우리 세대보다 이제 앞으로 나라를 늘 젊어지고 나아갈 새싹들이 진심으로 국가와 나라를 위하는 마음을 가슴에 새기고 살아갈 때 이 나라는 결국 한 국가가 된다는 저에 생활신조 같은 신념이 있었기에 그렇게 노력에 노력을 다해 본답니다.

휴일이면 마을 회관을 찾아다니며 태극기를 달아주고 또 액자 태극기를 제작하여 동네 이장님께 전달하기로 하였습니다. 어린 아이들에게서는 태극기는 아버지요. 애국가는 어머니라고 제가 학교에서 어렸을 적에 배운 대로 가르치며 강조를 하면 아이들은 신기한 듯 귀를 세우며 열심히 듣고 그러겠노라 다짐하며 돌아가곤 한답니다. 우리의 역사를 보면 수많은 우리의 선열들은 국가와 민족의 존엄성과 지킴을 위해서 단 하나 뿐인 목숨을 던져 후세에 우리를 존재케 한 것을 저는 평소에 항상 마음 깊숙이 아로 새기며 살지만, 지금 현실주의자들에 파렴치한 면들을 생각하면 눈물이 흐르고 국가에 앞날을 절로 걱정케 한답니다.

지금 현실에도 우리가 꼭 눈으로 확인하지 않고 서로의 피부로 느껴지지 아니하여도 국민 각자가 작은 것으로부터 하여 준법정신으로, 사회생활을 한다면 결국 그것이 애국이요. 나라사랑일 것입니다. 본인은 외치고 싶습니다. 온 국민들이여 다시 한 번 일어나봅시다. 이웃과 민족을 사랑하는 마음으로 똘똘 뭉쳐서 다시 한 번 일어서 후손에 물려줄 국가를 튼튼하게 만들어봅시다.

언제 닥쳐올지 모를 타국에 침범을 자력으로 방어할 때까지 굳게 뭉칩시다. 지금까지 나태했던 우리의 정신력을 재정비하고 내가 아니고 우리라는 집념을 또 다시 갖고 살아갑시다. 현실이 어지럽고 힘이 든다고 푸념만 하고 실의에 빠질 때 우리의 국력은 상실되고 민족성은 후퇴하여 우리에 후손들마저 타국의 간섭에 시달리고 식량을 구결하게 될지도 모릅니다. 사랑하는 국민 여러분 우리의 여력은 강합니다. 또한 할 수 있고 또 일어설 수 있다는 집념과 각오로 생활합시다! 곧 나라 사랑, 이웃사랑을 실천하는 본보기가 됩시다!

예수께서는 "첫째는, 마음을 다하고 목숨을 다하고 뜻을 다하고 힘을 다하여 주 너의 하나님을 사랑하라 하신 것"입니다.

"둘째는, 네 이웃을 네 자신과 같이 사랑하라 하신 것"이라고 대답하셨습니다. 한 마디로 사랑의 계명이라는 말씀입니다. 그렇습니다.

이 세상의 모든 계명들 중에서 가장 크고, 첫째 되는 계명은 바로 사랑의 계명입니다. 그래서 우리는 사랑해야 합니다.(마가복음 12:28 ~ 31)

"이것이 곧 하나님의 뜻이요 우리가 살아가는데 있어서 인생의 목적인 것입니다. 또한 우리가 기도로써 구해야 할 것은 나의 유익이 아니요, 오직 하늘에 계신 아버지의 뜻인 그의 나라와 그의 의를 먼저 구하는 것입니다."(마태복음 6:33)

그리하면 하나님께서 우리가 원하는 것뿐만 아니라 이 모든 것을 더하여 주신다고 하셨습니다. 즉 그의 나라는 하나님의 나라를 구하는 것이요, 그의 의는 그분의 말씀을 구하는 것입니다.

사랑하는 여러분 우리는 하나님의 뜻대로 살아가는 주의 백성들로써 먼저 그의 나라를 위해 희생하고 그분의 말씀에 청종하여, 보고 들은 바 그 말씀대로 행하는 자가 되시길 주님의 이름으로 축원합니다. 감사합니다.

막걸리에 대한 전설

아주 먼 옛날 강원도 산골마을, 산새 들새 노래하고 춤을 추는 마을이 있었다. 그 한적하고 고요한 산골 마을은 나그네의 발걸음을 멈추게 하는 마을이었다.

그 마을에 '칠보'라고 하는 아주 효성이 지극하다고 소문난 청년이 살고 있었다. 칠보는 어려서 일찍이 아버님을 여의고 홀어머니를 모시고 살았다. 낮이면 밭에 나가 길쌈을 메고 밤이면 사랑방에서 새끼를 꼬면서 성실하게 살아가는 청년에게 어느 날 어둠의 그림자가 찾아왔다.

세상에 하나밖에 없는 어머니가 병석에 눕게 된 것, 칠보는 앞이 깜깜해 마을 근교에서 유명하고, 이름난 의원을 찾아가 약을 구해 지극정성을 들여 어머님 간병을 했다. 그러나 낫게 해달라고 산천기도를 하며 빌고 또 빌어도 마찬가지였다.

탄식만 하고 있을 때 '금강산'에 거소 도사를 찾으면 병을 고칠 수 있다는 말을 이웃으로부터 전해 듣고 절친한 친구에게 어머님 간병을 부탁하고 길을 떠났다. 칠보를 떠나보내는 마을 어르신들은 그의 효심을 침이 마르도록 칭찬했다.

칠보는 20여 일만에 어렵게 어렵게 금강산에 도착해 백발의 도사를 만났다. 넙죽 엎드려 큰 절을 올리니 도사가 "그대는 어디서 왔느냐"고 물었다. 칠보는 "강원도 홍천고을에 사는 칠보라고 합니다." 하니 도사가 "너의 효심을 천지신명님이 알고 계신다. 허, 참 딱하구나."라고 말했다.

칠보가 어머니를 살려달라고 대성통곡하며 애원하자 도사의 눈에도 눈물이 맺혔다. 도사는 "자네 어머니는 세 사람의 간을 삶아 복용하면 효험이 있으니 그리 해라."라고 말하며 하얀 연기 사이로 사라졌다.

칠보는 집으로 돌아와 세 사람의 간을 어떻게 구할까 고민했다. 궁리 끝에 마음을 굳게 먹고 부엌칼을 밤새 갈아 감추고 '잠뱅이' 산골고개 마루에서 나그네를 기다렸다.

얼마나 시간이 흘렀을까? 갓을 쓴 선비고 콧노래를 부르면서 고개마루턱에 도달하고 있었다. 칠보는 순간을 노려 선비를 쳐 죽이고 간을 빼내 집에 가져다 놓았다. 다음날에는 같은 장소에서 염불을 외며 지나는 노승을 치고, 그 다음날에는 정신 나간 사람을 쳐 나머지 두 개의 간을 구했다.

드디어 집에서 세 개의 간을 삶아 어머님에게 드렸더니 병이 깨끗이 치유가 됐다. 하지만 죄책감에 시달리던 칠보는 세 사람의 시신을 거두어 동산 양지바른 곳에 매장했다. 이듬해 산소를 찾아가보니 묘위에 꽃이 피고 열매가 맺었다. 신기했던 칠보는 열매 씨를 가져가 밭에 뿌렸더니 싹이 나고 열매가 다시 나와 오늘날 막걸리의 원료인 '누룩 밀'이 나왔다고 한다.

그리하여 술에는 선비의 혼, 스님의 혼, 미치광이의 혼 등 세 사람의 혼이 숨어있다는 전설이 있다.

'사랑의 등불'을 밝힐 수 있다면

늘 경운기 소음이 들리는 한적하고 고요한 농촌의 아침 햇살은 유난히 밝기만한 이곳은 조용한 농촌의 면소재지 마을이다.

1983년 2월 28일 이곳 가산면 마산리 마을로 우리 세 식구는 보증금 50만 원, 월세 5만 원에 이발관을 얻어 이사를 하였으나, 영업은 잘되지 않았다. 그렇지만 열심히 성심껏 손님을 대하고 하여 차차로 손님도 늘고 하여 지금은 전세 8백만 원에 단독주택을 얻어 생활하고 있기에 큰 불편은 없다. 지난 6년간 내 처는 이발관 바닥청소, 어린이 머리 감겨주기 등, 저와 같이 생활하면서 그간의 고생은 계속되었다.

1945년 3월 14일 안성군 일죽면 송천리에서 오 남 삼 녀 중 셋째로 태어나 초등학교 5학년 때 서울 답십리로 이사, 청량중학을 졸업할 때쯤 아버님은 병으로 돌아가시고 얼마 후 큰형님은 교통사고로 돌아가셔 저는 학업을 중단할 수밖에 없었다. 그리하여 어린 형제들은 뿔뿔이 헤어졌고 나는 쌀가게 배달부로 막노동판으로 전전긍긍하다 이발 기술을 습득하게 되었다. 군복무를 마치고 75년 3월 1일 처와 결혼을 하였으나, 가난한 생활은 계속되었습니다.

가난한 이웃을 위하여 봉사를 생활화하는데, 주위의 사람들을 설득하는 일에 앞장섰다.

제일 먼저 저의 가게 옆에 면에 하나뿐인 공중변소를 소독약을 구하여 청소를 도맡아 하고, 주민들한테 자칭관리인이라 칭하면서 봉사 생활은 계속되고 있었다. 내가 거주하는 지역은 군 병력 도보행렬이 자주 있곤 하여 평소에 냉장고에 얼음을 보관하였다가 행군을 할 때는 얼음물을 한 그릇씩 건네주곤 하였는데, 구릿빛으로 그을린 장병들은 얼굴에 고마움의 미소를 지으며 '감사합니다.'라고 말하던 그들의 얼굴이 지금도 눈에 선하다.

이웃과 나라를 위하여 어떻게 봉사를 할까 하는 생각으로 잠 못 이룬 적이 한두 번이 아니다. 이일 저일 생각 끝에 나는 포천군 위민실장님을 찾아가 이웃을 위하여 할 수 있는 일이라면 무엇을 마다않고 하겠다고, 우선은 헌혈할 것을 제의하고 저의 혈액형은 O형이니 항시 필요로 하는 이웃이 있다면 서슴지 않고 헌혈하겠다고 말씀드렸더니 쾌히 승낙을 하였다. 또한 지역 예비군 중대장을 찾아가 비상시는 지원 입대할 것을 약속하고, 이웃과 나라를 위하여 이 한 몸 바치는 것을 지상의 최대의 영광으로 알고 생활할 것을 말씀 드렸다.

1983년 추석명절 날에는 성묘를 미리 다녀와 뜻있는 몇 분을 설득하여 과일, 계란, 노트 등을 준비하여 포천군 영북면 소재 "보화보육원"원생들을 찾아가 준비해 간 것을 전달하고 무료로 원생들을 이발해 주었다. 원생들의 "아저씨 안녕히 가세요."라는 목소리와 고사리 손짓이 지금도 눈에 선하다.

내가 내 자랑을 한다는 것이 부끄러운 이야기지만 이 일이 1983

년 10월 2일자 경인일보에 보도되기도 하였다. 휴일이면 이발도구를 챙겨 보육원을 방문 원생 머리를 깎아주곤 했다. 그때마다 원생들 꼬마들이 신발이 없어 맨발로 다니는 것을 보니 마음이 아파서 곰곰이 생각 끝에 경제적 여유만 있다면 당장 신발을 구입하여 전달하고 싶은 마음이 간절하였다.

어찌할까 생각 끝에 용기를 내어 신발가게 주인을 찾아가 억지로 말문을 열어 뜻을 전달하니 주인은 헌 운동화 등 생각보다 많은 양의 신발을 주셨다.

그것을 가지고 처와 저는 곰팡이를 제거하고 깨끗이 세탁을 하여 옥상에다 말려 가마니에 넣어 운천 행 직행버스에 오르니 기사는 화물차인줄 아냐며 호통을 치길래 굽실굽실하며 한 번만 봐달라고 하다 보니, 나도 모르게 눈시울이 뜨거워졌다.

겨울이면 가까운 경로당을 찾아가 노인 분들께 막걸리, 담배, 계란 등을 사가지고 찾아가 새해인사를 드리며 노인들과 대화를 나누곤 한다.

그러던 84년 12월 17일 저의 화목한 가정에는 어둠의 그늘이 드리워졌다.

저는 갑자기 "유행성 출혈열"로 쓰러져 도립병원으로 입원하였던 것이다. 생명을 건진다는 희망은 희박하다고 하기에 나는 성경책을 끌어안고 하나님께 기도하였다. "하늘을 보고 땅을 보아도 죄라곤 가난밖에 없으니, 내 주여, 뜻대로 하여주소서. 저는 완쾌시켜주시면 더욱더 열심히 봉사생활을 하겠노라."고 기도하였다.

내의 기도가 천국의 문을 두드렸나 보다. 나는 열흘 만에 퇴원하게 되어 한없이 기뻤다.

그래서 나는 하나님과의 약속대로 봉사활동을 재다짐하고 실천에 옮겼다. 우선 관내 초등학교를 찾아가 물질적으로는 도울 수가 없으나, 영세민학생 20명을 1년간 무료로 이발해 줄 것을 말씀드리고 행동에 옮겼다.

또한 근교 경로당을 다녀보니 태극기 액자가 없어 우리 세 식구가 여름 복놀이하려고 모아둔 돼지 저금통을 털어 복놀이를 포기하고 태극기 액자를 구입하여 경로당 5개소를 방문하여 전달해드렸다.

1984년 9월 1일 전국적으로 큰 홍수가 져 각종 언론매체에서는 수많은 공장과 집, 사람들이 피해를 입어 야단들이라고 보도되었다.

이에 나는 면사무소로, 수해복구 현장 우금 저수지로 오토바이에 빵, 음료수 등을 싣고 달려가 작업하는 주민들께 전달하고 주위의 상점을 순회하면서 수재의연금을 모금하여 경인일보 포천지국에 전달하였다. 그러고 1984년 8월 2월에는 경인일보 및 경향신문 포천지국과 함께 보육원 아이들과 경찰서 전경들을 위하여 떡, 과일 등을 전달해주기도 했다.

또한 소흘면 소재 양말공장을 찾아가 공장장을 설득하여 양말 2백 켤레를 기증받아 관내 불우한 이웃과 신문지국 소년들에게 전달하였다. 나의 이러한 작은 일이 경인일보 1986년 11월 20일자와 11월 27일자에 보도되었는데 이에 나는 더 열심히 봉사 생활할 것은 다짐하였다.

당시 나에게 금반지 두 돈이 있었는데 항상 마음이 편치 않았다. 나보다 못한 사람을 위해 써야한다는 생각에서였다.

그런데 반지를 팔아서 집으로 돌아오는 발길은 한없이 즐겁고 가벼웠다.

이곳은 인심이 좋은 곳이라 생일잔치를 하면 이웃을 초대하여 함께 생일을 보내곤 한다.

나도 그렇게 하곤 했지만 1984년도에는 그런 일을 포기하고 KBS 한국방송공사를 찾아가 20만 원을 불우 이웃돕기 성금으로 내놓고 오는 저희 가족의 얼굴에는 웃음이 활짝 피어났다.

“봉사하는 마음”, “양보하는 마음”이라는 말로 가족에게 항상 이야기하며 주는 것이 받는 것보다 즐거움임을 마음으로 느끼며 오늘도 생활하고 있다.

모든 점을 이해해주고 함께 뜻을 모아주는 처에게 늘 고마움을 느낀다.

부족하고 작은 생활이 남들이게 사랑의 등불을 밝힐 수 있다면 무한한 영광으로 알고 사랑의 등불을 마지막 기름 한 방울 봉사 생활하는데 활력소로 알고 더욱더 앞장설 것을 다짐한다.

5부

이현재 신문기사

평생 봉사를 생활 속에서 실천한다

"삶의 3대 원칙이 있습니다. 첫째는 가정을 위해 땀을 흘려야 한다는 것이고 둘째는 이웃을 위해 눈물과 봉사를 함께 나누어야 한다는 것, 셋째는 나라를 위해 몸과 마음을 바쳐야 한다는 것입니다."

포천시 가산면 가산로 366에서 지난 1983년부터 통일이발관을 운영하면서 사회적 화제를 뿌려온 이현재 씨(56)의 말이다.

이씨는 포천군에 정착한 이후 "봉사하는 마음", "양보하는 마음", "희생하는 마음"으로 이웃과 군민에게 봉사하여 지역발전 및 지역주민 화합분위기에 앞장섰다.

특히 어려운 이웃을 남몰래 도와주는 일을 일상생활처럼 했다. 그렇다고 이씨가 큰돈으로 도와준 것은 아니다. 마음으로 정성으로 자신보다. 더욱 어려운 이웃을 찾아 묵묵히 봉사활동을 펼쳐온 이씨에게는 애국심이 있다. 불타는 애국심이다.

일례로 지난 83년 9월 1일 KAL기폭파사고로 수많은 생명이 희생당하자 그해 9월2일 공항에서 손가락을 깨물어 피를 낸 다음 "존경하는 대통령 각하, 레이건 미 대통령각하, 자유우방국민여러분. 어찌 우리국민은 이렇게 소련의 침략을 받아야 합니까? 자유를 사랑하는 우방 국민에게 호소합니다."라는 혈서를 써서 화제가 되기도 했다.

이씨의 이 같은 행동은 전국 방송에 방영됐으며 동아일보 등 유수한 언론에 보도되기도 했다.

이어 1983년 10월 9일 아웅산 폭파사고가 일어나자 이씨는 태극기를 가슴에 안고 동작동 국립묘지를 찾아가 분향했다.

이날 국립묘지에는 수많은 사람들이 긴 행렬을 이루며 아까운 인재들의 죽음을 애도했다.

이씨는 평생 장기와 바둑, 화투를 모르고 살아왔다. 그만큼 시간이 나면 불우이웃을 찾아 나섰다.

그러나 180cm의 장신이며 건강했던 이씨에게 불행이 찾아들었다. 지난 1993년 뜻하지 않은 교통사고로 하반신마비증상이 왔다. 꾸준한 노력 끝에 비록 3급 3호의 지체장애인 등급을 받았지만 그의 전공인 이발기술은 녹슬지 않아 고아원이나 양로원에 무료 이발봉사를 계속하고 있다.

그러나 예전처럼 바쁘게 돌아다닐 수는 없다. 그래서 봉사에 뜻이 있는 사람은 차를 가지고 통일이발관으로 가면 언제든지 봉사할 수 있다고 한다. 무턱대고 차만 있으면 봉사하러 가겠다는 것이다.

살아서도 봉사, 죽어서도 봉사하겠다는 마음에는 변함이 없어 중문의대에 시신을 기증하려고 노력하고 있으나 아들이 서명을 안해줘 실천에 옮기지 못하고 있다고 한다.

앞으로의 꿈은 큰 앞마당에 조립식 집을 지어 오갈 데 없는 노인들을 모시고 살고 싶은 것이다.

교통사고를 당해 신앙인으로 거듭난 이씨는 그동안의 봉사활동 전력을 바탕으로 봉사에다가 이제는 사랑의 정성까지를 보탠다.

그러나 아직도 우리사회는 자신의 잘못을 모르고 남을 해하는 사람들이 존재하고 있다.

비록 힘들고 어려운 생활이지만 늘 아름다운 마음을 가지고 살아가는 이씨의 눈빛에서 진실한 사랑의 실체를 확인한다.

자꾸만 인륜지덕이 무너지고 애국심이 희미해지고 있는 세태에 이씨의 헌신적인 봉사정신과 사랑의 마음은 사회질서를 세우는 초석이 될 것으로 보인다.

'아들 살해한 장기수에 아들 돼 달라' 영치금 보내

– 남은 재산 전액 장학금으로 헌납, 시신기증 약속

"고기를 낚는 어부가 되기보다는 영혼을 낚는 어부가 되겠습니다. 하나뿐인 사랑하는 아내와 아들을 모두 떠나보내고 오랜 신앙생활을 통한 성령(聖靈)의 힘으로 생활하고 있습니다. 원수를 사랑하라는 하나님의 말씀을 묵묵히 실천하며 지역사회 봉사에 남은 인생을 올인 할 것입니다."

포천시 가산면 마산리에서 25년 넘게 통일이발관을 운영하고 있는 이현재(66세)의 말이다. 가산제일장로교회 집사이기도 한 그는 49세 때 불의의 교통사고로 장애3급을 받았으며, 53세 되던 해 사랑하는 아내마저 하늘나라로 떠나보냈다.

설상가상(雪上加霜)으로 지난 2005년 6월에는 사랑하는 아들마저 범죄자에게 피살돼 이 집사의 곁을 떠나갔다. 학원 강사로 있으면서 공무원 시험까지 합격했던 아들이 세상을 떠나자 며느리와 손자도 연락이 두절되었다. 너무도 가혹한 운명이 이어져 삶을 포기하고 싶을 정도로 눈앞이 캄캄했지만 혼자 남은 이 집사 곁에는 언제나 하나님이 안주하고 있었다.

시련으로 엮어진 삶이 신앙의 힘으로 서서히 변화가 오기 시작하면서 아들을 살해한 원수의 형량을 감형시키기 위해 청와대로 한 통의 편지를 보냈다.

'죄는 미워도 사람은 미워하지 말라'는 하나님의 말씀을 되새기며 아들을 살해한 죄로 청송 감호소에 수감되어 있는 장기수에게 영치금을 보내주는 등 그를 용서해주고 있다. 그러면서 이 집사는 "내 곁에서 그가 아들을 빼앗아갔으니 무사히 형을 마치고 사회에 복귀하면 그가 아들을 대신해 나의 아들이 되어 달라"고 매일 기도한다고 한다.

또한 이 집사는 많지 않은 재산이지만 남은 재산 모두를 어려운 학생들을 위해 장학금으로 쓰여지길 희망하며, 다니고 있는 가산제일장로교회에 기탁하기로 목사님과 약속했다고 한다.

이 집사의 선행은 여기서 멈추지 않고 먼 훗날 자신이 죽게 되면 시신을 차의과학대학교에 기증해 학생들이 실험용으로 사용하도록 한다고 한다.

"이 모든 것이 하나님의 지시"라며 서슴없이 말하는 이 집사는 요즘 가뜩이나 어렵고 힘든 지역 사람들에게 귀감이 되고 있다.

사랑을 실천하는 善行 공무원

– 포천경찰서 경무과 정지웅 경사의 포천신문 기사

평소 투철한 애향심과 봉사정신으로 내 고향 내 이웃을 위해 헌신 노력하는 사람이 있어 화제가 되고 있다. 포천경찰서 경무과 경리계 정지웅 경사가 화제의 주인공이다.

정 경사는 지난 4년 동안 가산지역 장애인과 독거노인 등 사랑의 손길이 필요한 곳을 찾아 애로사항과 고민 등 어려운 문제를 상담하는 등 어려운 생활 속에서도 박봉을 쪼개어 냉장고, 선풍기, 옷, 라면 등 생필품을 추석, 설 등 고유명절 때마다 찾아가 사랑을 전달하는 사랑의 전도사다.

또 김장철에는 사랑의 김장을 전달하는가 하면 무슨 일이든지 도움을 주고 있어 훈훈한 정을 느끼게 하고 있다. 메마른 사회에 오아시스 같은 신선한 인간미를 심어주는 모범공무원 정 경사께 가산면 주민의 한 사람으로 머리 숙여 감사드린다.

정 경사 파이팅!

– 이현재 노인명예기자

포천신문 노인 명예기자단 제34차 임원회의

– 이사회 정기모임 신설, 이현재 초대회장 추대

포천신문 노인명예기자단(단장 박경수)은 지난 11월 23일 오전 11시 군내면 포천신문사 회의실에서 제34차 임원회의를 개최했다. 이날 임원회의는 박경수 단장의 부재로 장경섭 부단장이 회의진행을 했으며, 최영호 포천신문 노인명예기자단 총무가 사회를 맡았다.

최호열 포천신문사 대표이사는 "노인명예기자단은 포천신문사 7개 단체 중 가장 활발한 활동을 펼치고 있는 단체다. 항상 노인명예기자단 여러분의 노고에 감사드린다."며 "이제 추운 겨울이 다가오고 있다. 노인명예기자단은 각 지역의 현황을 가장 잘 알고 있는 분들의 모임인 만큼 주위의 소외이웃을 포천신문사 불우이웃돕기 창구와 연결해 소외이웃을 돕는데 앞장서자."고 말했다.

장경섭 노인명예기자단 부단장은 "우선 노인명예기자단 활동에 지원을 아끼지 않는 포천신문사 대표이사님께 늘 감사드린다. 처음으로 회의를 주재하게 돼 부족한 점이 많겠지만 너그럽게 이해해주길 바란다."며 "포천신문 창간 22주년 행사에도 적극적으로 참여해 노인명예기자단의 위상을 드높이자."고 말했다.

이날 회의에서는 창간 22주년 기념행사 준비 건, 불우이웃돕기 성금과 화환 준비 건, 정기구독 캠페인 전개 건 등이 논의됐다. 다가오는 12월 15일 포천신문 창간 22주년 기념행사에서는 오후 3시 40분부터 송태원 고문의 풍물놀이 및 민요공연이 펼쳐지며 장경섭 부단장, 최영호 총무, 이영우 가산지부장, 이희주 이사가 노래자랑에 나서게 된다.

또한 포천신문 노인명예기자단은 이사회의 활성화를 위해 이사회 모임을 신설하고 이현재 회장을 추대했으며, 황치관 총무를 선출했다. 노인명예기자단 이사회 모임은 2개월에 한 번씩 넷째 주 목요일 오전 9시 30분에 모임을 갖게 되며 바자회 계획 검토, 불우이웃돕기 건 등을 논의하게 된다.

외로운 이웃에게 사랑을…

포천군 가산면 마산리에서 통일이발관을 경영하는 이발사 이현재 씨(53)는 이웃과 나라를 위해 할 수 있는 일이면 무엇이든지 하고 있는 가난한 시민이다.

보육원 · 양로원 · 배달 청소년들에게 과일 · 계란 등 생필품을 전달하는가 하면, KAL기 소련 만행사건 때에는 울분을 참지 못하고 그들을 규탄하는 혈서를 쓰기까지 했다. 또 3백만 원짜리 단칸 전세방에 살면서도 매년 방위 · 수재의연금 등 각종 성금 대열에 빠지지 않고 있는데, 불우이웃돕기 성금에 아내의 결혼반지를 기탁한 것을 비롯, 자신의 생일잔치를 마다하고 소요경비 20만 원을 방위성금에 기탁하는 등 각종 성금접수 영수증만 해도 수두룩할 정도이다.

이씨는 매주 일요일이면 포천군 영북면 운전리에 있는 보화보육원에 들러 운동화 등을 전달하고, 원생들에게 무료로 이발을 해주고 있는데 이씨에게 은전을 입은 많은 사람들로부터 감사의 편지가 끊이지 않고 있다.

1993년 초 뇌졸중으로 지체 장애자가 되어서도 이웃사랑의 실천을 멈추지 않고 있어 타의 모범이 되고 있다 하겠다.

자비로 장애인들 한마당 잔치 열어

– 대한복지회 포천시지회 이현재 지회장

지난 5일 가산면 마산리 소재 한 식당에는 500여 명의 장애인과 노인들이 한자리에 모여 식사를 하고 함께 정을 나누는 자리가 마련됐다.

이 자리는 대한복지회 포천시지회 이현재(60) 지회장이 마련한 자리로 이 지회장은 올해로 네 번째 매년 이 같은 자리를 마련해오고 있다.

지난 4월 20일 장애인의 날에 실시하고자 했으나 4.30국회의원 재선거로 지난 5일에 실시하게 되었다고 한다.

장애인들이 친목도모는 물론 아름다운 우정의 장을 열기 위해 마련한 이날 행사는 특별한 의미가 있다. 이 지회장의 환갑을 기념하기 위해 이 지회장의 자제가 보내온 돈으로 이날 자리를 마련했기 때문이다. 자신의 잔치를 장애인들과 함께 더불어 한 것이다.

이날 자리에서는 세한무역 김윤기 대표가 양말 세트를 참석한 사람들에 나눠주어 고마운 자리가 되기도 했다.

이 자리를 마련한 이현재 지회장은 "더욱 많은 장애인과 노인 분들을 위해 후원의 손길이 필요하다."며 "뜻 있는 분들의 후원의 손길을 기다리고 있다."고 밝혔다.

대한복지회 포천시지회는 지난 2002년에 발족하여 장애인 전문치료안내와 교통사고와 관련된 상담 등의 활동을 하고 있다.

장애인한마음대회 자리 마련

지난 20일 포천군 가산면 서울식당에서 대한교통사고인복지회포천지회(지회장 이현재)가 마련한 장애인한마음대회가 있었다.

이현재 회장은 "장애인의 날을 맞아 장애인 상호간의 화합과 친선을 도모하기 위해 이런 자리를 마련했다."며 "비록 몸은 성하지 않지만 불굴의 의지로 모든 것을 극복하자."며 참석자들을 격려했다. 또한 함께 참석한 김영오 의원도 "장애인 복지를 위해 의회차원의 지원을 아끼지 않겠다."며 "열심히 사는 장애인들에게 박수를 보낸다."고 말했다.

한편 이번 장애인 모임에는 장애인 25명이 참석해 식사를 같이하며 서로 어려운 일에 대해 대화하는 소중한 시간을 가졌다.

올해로 두 번째 열리는 이번 모임에는 가산농협과 가산제일장로교회, 이 회장의 지인 등이 후원했으며 세한무역 김윤기 대표가 참석한 장애인들 모두에게 양말을 전달했다. 또한 모임 후 남은 경비는 그 자리에서 불우장애인 3명을 선발, 성금을 전달했다.

모범장애인, 유공자 도지사 표창

모범장애인 이현재씨
복지유공자 김정택씨

경기도는 지역사회를 위해 봉사하는 모범장애인에 이현재(포천군 가산면 마산리)씨를, 장애인 복지시설을 방문 봉사하는 장애인 복지유공자에 김정택(포천군 신북면 신평리)씨를 이 달의 모범장애인과 유공자로 선정했다.

경기도는 선정이유로 이달의 모범장애인으로 선정된 이현재(56)씨는 지난 18년간 사회복지시설수용자 등에게 무료이발을 해주는 등 지역사회에서 묵묵히 봉사하며 살아가는 장애인이라고 밝혔다.

또한 장애인 복지유공자로 선정된 김정택(44)씨는 현재 포천경찰서에 근무하는 경찰공무원으로 장애인복지 시설을 정기적으로 방문 봉사하는 등 장애인복지에 남다른 노력을 하고 있다고 밝혔다.

지난 1일 월례조회에서 도지사 표창과 부상으로 탁상시계와 도자기 엑스포 입장권이 각각 수여되었다.

이현재씨는 1993년 교통사고로 지체장애 3급의 중증 장애인임에도 불구하고 봉사의 손길을 멈추지 않고 장애인의 복지증진에 헌신 노력해 왔다.

기초생활보장 수급자 자녀 79명에 대해 무료이발과 불우 노인 10가구에 떡을 전달하기도 했으며 매월 기초생활보장 수급자 10가구에 대해 무료이발을 해주고 있다.

또 지난 4월 20일 장애인의 날에는 지체장애인 40여명에게 잔치를 베풀어 주는 등 자신의 몸이 불편함에도 사회봉사활동을 계속하고 있어 다른 장애인들의 모범이 되고 있다.

한편 장애인 복지유공 김정택씨는 포천경찰서에서 민생치안에 최선을 다하는 공무원이며 어려움 속에서도 불우한 이웃에 온정의 손길을 게을리 하지 않고 있다.

특히 그늘진 곳의 소외된 불우 이웃을 위해 남모르게 행하고 있는 선행사항을 민원모니터 요원이 적극 추천한 것으로 알려졌다.

김씨는 맹인 30여명이 어렵게 생활하는 미신고 사회복지시설인 포천 가나안의 집에 매월 1~2회 방문 시설주변 정리와 청소 등 노력봉사와 매회 10만 원을 지원해주는 등 소외계층과 함께하고 있어 사회의 귀감이 되고 있다.

이현재 통일이발관 대표, 경기도의회 의장상 수상

포천 가산면은 지난 17일 이웃과 시민에 봉사해 지역발전 및 지역주민 화합분위기에 앞장서 온 포천 가산면 통일이발관 이현재 대표에게 경기도의회의장 표창을 전달했다.

가산면장실에서 진행된 이날 수상에는 윤영창 경기도의회 의원과 김덕원 가산면장 등 면관계자들이 참석했고 '봉사하는 마음', '양보하는 마음', '희생하는 마음'으로 이웃과 시민에 봉사해온 것에 대해 감사의 뜻을 전했다.

이현재 씨는 "부족한 이 사람에게 이렇게 커다란 상을 주심에 감사드리고 남은 생애를 사랑의 등불을 밝히는데 몸과 마음을 다 바치겠다."고 말했다.

장애인이 장애인의 날 잔치 마련 화제

– 가산면 통일이발관 이현재씨 사비 들여

20일 장애인의 날을 맞아 교통사고로 제대로 걷지도 못하는 장애인 이현재씨(56)가 사비를 들여 포천군에 장애인으로 등록된 3백여 명을 초청해 잔치를 마련한다.

이날 음식준비는 이씨의 부인이 식당일 등을 통해 마련한 자금이어서 참 봉사의 모습을 일깨우고 있다.

이씨는 "포천군에서 장애인의 날 행사를 마련하지 않아 직접 나서게 됐다."며 "여러 장애인들이 한자리에 모여 서로의 아픔을 달랠 수 있는 계기가 되었으면 좋겠다."고 밝혔다.

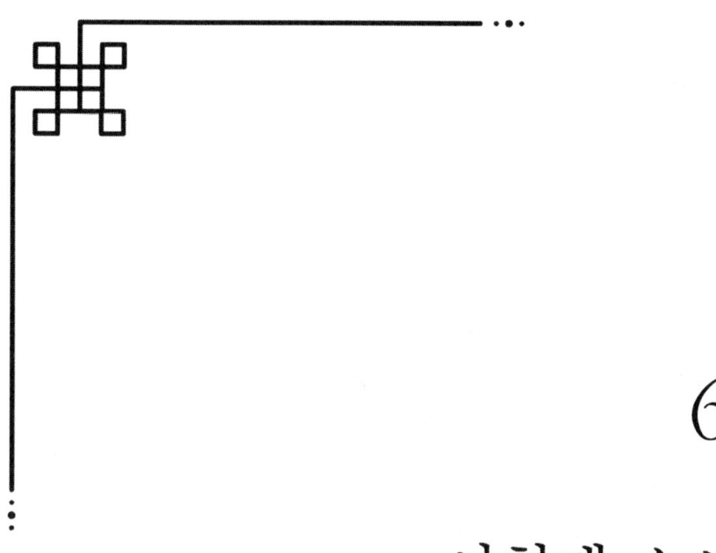

6부

이현재 소시집

성령을 받으면

부족한 중죄인 주님의 은총과 사랑에
너무 너무 감사해 통곡의 기도를 올립니다
애통하며 회계하는 마음으로 하는 기도의 향기
저 천국 높은 보좌에 계신 우리 주
주님 전에 상달되어 성령을 받으니
세상 누구와도 바꿀 수 없는 부귀영화보다도
더욱 큰 기쁨 무엇으로 비유하리오
영의 눈을 뜨게 하시니
안경도 벗어던지고 더욱더욱 밝아지는 눈

새벽이면 깨어나 통곡의 기도
눈물이 앞을 가로막아 보이지 않는 감사
천 번 만 번 감사하여도 넘치지 않습니다
주님의 은혜 갚을 길 없어 이 몸 바칩니다
주여 받아주소서
영이 눈을 뜨게 하시는 주님 주님의 은혜를 갚을 길 없습니다

사랑사랑 주님의 크신 사랑 주님은 원수를 사랑하셨습니다
원수를 사랑하니

내 마음 앉아도 주님생각 서서도 주님생각
남은 생애 주님만을 의지하게 하옵소서
주님이 거저주시는 은혜 우리 다 함께 받으면
천국 가서 주님만나 뵙고 칭찬받는 날만 기다리면서
사랑 하나님 사랑
사랑 이웃 사랑
사랑 물질 사랑
사랑 마음 사랑

원두막

고향의 향기
물씬 풍기는 고향산천이
나의 마음의 별장
마음의 향수 찾아
마음의 고향 찾아 갈래요

친구들과 모여 앉아
장난치던 고향
할머니가 들려주시는
호랑이 이야기
소름 끼치는 도깨비 이야기

모깃불에 감자 구워 먹다
얼굴에 검정 묻어 웃음꽃
피운 정든 마음의
별장 집
정은 고향의 원두막

노랑참외 개구리참외

너무 많이 먹어
오줌 싸서 어머니한테
종아리 맞고 도망가던
마음의 고향 정든 원두막 그리워…

촛불

어둠 속에 빛이
사랑을 밀어내는 인생의 꿈이
이젠 세상에 있어요

내속에 별빛되어
미움을 혼자 태워
행복이 가득하네요

눈물이 흘러요
깜깜해도 사랑이 세상을 밝혀
행복을 주네요

오늘도 맑은 눈물로 태워
어둠 속에 희망을 주네요
빛이 어둠을 밀어내고 있어요

내 속에 아픔을 모두 태우니
이젠 행복이 가득한 눈물이 흘러요

거울

모든 사람은 하루에도 몇 번씩은
거울 앞에 서지요
육신의 거울 앞에서 뽐내지요
진짜 거울 앞에
서면 부끄러울 것이요
진짜 거울이 무엇이냐구요
내 마음의 어두운 세상을 찾아주는 거울이지요
거울은 많지만
내 마음을 비춰주는 거울은 없군요

나는 누구인가

나는 누구인가
나는 인간
인간은 무엇인가
죄 많은 세상에 고통에 멍에 짊어지고
세상 구경하러온 거지
세상 구경하니

너무 너무 행복은 없구나
행복은 하늘나라에는 있을까
천국에는 있을까
행복은 멀리가 아니라

내 마음에서 살아 숨 쉬는 구나
행복을 찾아가세 행복은
모든 것을 사랑으로
긍정적으로 생각하는 것일까요

나의 가슴

마음의 창문을 열으시지요
마음의 창문에 누가 돌을 던지나요
마음의 창문을 열어라

마음의 창문이 창문 중에
제일 큰 창문인가봐요
마음의 창문을 열어보면

행복과 평화가 오지요
마음을 비우고
욕심을 버리고

마음의 창문을 활짝 열으니
행복이 찾아와서
인사하지요

추억

파랗게 밀려왔다가
하얗게 부서지는 파도 곁에
곱게도 드러낸
모래알 걷는
나도 모르게
백사장을 걷노라니
포근히 안아주던
우윳빛 피부가 그립다

그렇게나 푸르던 내 사랑이
물거품처럼
부서질 때 텅 빈
내 가슴속에
아무 흔적도 없는 백지가 되어
님의 그림자마저 흩어져버리고
오직 외로움만이 모래밭에 걷는
외갈매기의 발자국뿐이다

사랑

나침반을 잃어버리고
어두운 창파를
헤매는 쪽배가

마치 등대 빛을
만난 듯이 아름다운
미모의 여인을 만났으니

사랑이란 꽃같이 아름답고
꿀같이 달콤한
사랑의 꽃이랍니다

구름

흰 구름 뜬 구름 검은 구름
뭉게구름 조각구름 새털구름
구름아 너는 무엇 하러
하늘나라를 떠다니는지 궁금하구나

구름아 내 말 좀 들어다오
나의 말에 귀를 좀 빌리자구나
너는 나의 마음을 아는지 궁금하구나
나의 편지 한동안 전해다오

세상에서 같이 놀던 친구에게
나의 소식 좀 전해다오
세상에 친구는 너무 너무 힘들구나
하늘나라에서 같이 놀고 싶구나

장애인

장애인 세상은 온통 장애인
여보시오 사람네들
장애인이라 비웃지 마시오
나는 육신이 장애이지만
마음은 장애가 아니오
몸의 장애는 회복될 수도 있지만
마음의 장애는 회복이 힘듭니다
우리네 모두는 예비 장애인
장애가 되고 싶은 사람이 있겠소
세상 살다보니 이렇게 되었소
누구나 하나씩은 장애가 있으니
그들을 비웃지 말고 진솔하게
마음을 나누시오

상처

왜 이다지도 미운가
너무 너무 얄미운 친구여

나는 네가 정말로 싫어
내 곁을 떠나주면 정말 좋겠어

내 마음의 상처를
그 누가 치유해줄까

병원도 아니고
마음의 상처를 치유하는 곳

아름다운 사람을 찾아가야지
하나님을 찾아가야지

나

나는 누구인지 나도 모르겠네
나는 어디서 왔는가
어디로 가고 있는가

하늘나라에서 왔을까
땅에서 왔을까
부모님의 사랑의 열매일까
거저 왔다 거저 갈까

거저 왔다 떠나가는
나그네 인생길
사랑과 봉사의 열매를 남기고
하나님 곁으로 돌아가야지

하늘나라 여행

하늘나라에는 누가 있을까
하느님이 계실까
예수님이 계실까
선녀님이 계실까
구름 타고 하늘나라 가서
사랑의 향기 평화의 향기 행복의 향기
향기 넘치는 느껴봐야지

세상 남녀노소 모두가 행복이 넘치는 세상에 살고 있네
내 님 찾아 헤매는 마음
하늘나라 꽃밭에 앉아서
꽃밭을 매는 모습 살아생전의 모습
만나 봐야지
하늘나라 이야기 들어봐야지

가을길

온 산은 부황이 들어
단풍을 쓰고 누워버렸고

강은 치맛자락을 펴놓고
산자락을 껴안은 채 잠들었는데

객은 검버섯 피는 얼굴에
흰머리 날리며

바람을 메고
하염없이 그냥 그렇게

발길 가는대로
마음도 따라가는구나

허물

우리네 인간은 허물만 가득한
미련한 인간
남의 허물을 찾지 말고
자신의 허물을 보아라

남의 허물을 비판하지 말고
마음의 거울 앞에 서라

진실한 칭찬 한마디
태산을 움직인다

칭찬을 생활화하면
기쁨과 행복은 찾아오리요

마음의 꽃밭

시들어 가는 내 음의 꽃밭
메마른 나의 마음에 단비를 주소서

사랑의 단비는
나누면 나눌수록 꽃 피고 열매 맺는다

행복과 축복을 주는 마음의 향기는
희망과 영광의 길로 나를 인도한다

행복의 문

고독의 문은
행복한 생활 속에서도
항상 파도처럼 몰려온다

행복의 문은 아홉 개의 문
죽음의 문은 한 개 문
문 중에 제일 큰 문은 행복의 문

모든 것을
긍정적으로 생각하면
행복의 문은 활짝 열린다

보름달

둥근 보름달이 떴다
청천 하늘에 둥근 달이 떴다

달님에게 빌어봅니다
지난해의 고난과 모든 역경은 사라지고
행복을 데려와 달라고
달님에게 빌어봅니다

금년에는 슬픔과 외로움
모든 것을 떠나보내고
웃음꽃만 피는 한 해 되기를
달님에게 빌어봅니다

꿈과 희망이 샘솟는
한 해 되기를 달님에게 빕니다

사랑과 나눔

마음에 가득 찬 사랑을 나누는
나눔의 행복
나눔은 기쁨과 즐거움

웃음과 미소의 나눔
물질의 나눔 실천사랑
육신의 나눔 행동 사랑

나눔의 행함은 사랑의 열매
자신의 마음은
하늘나라 천사

세상을 바꾸자

세상을 바라보며
내 자신의 마음을 바꾸지 않고
세상을 바라보면
좌절과 분노 원망

마음의 세상을 바꾸면
희망과 용기가 넘쳐흐른다
자신의 내면의 세상은 어리석고 바보 같은 세상

세상은 아침 햇살과 같이
희망의 태양은 세상과 내 마음을 영광과
축복의 세상으로 바꾼다!

참보약이란

세상은 온통 보약
수 천 수 만 가지 보약

참보약이란
마음에 있지요
우리 마음속에 태산같이 쌓인
보약을 찾으면
참기쁨과 행복뿐이요

이웃을 양보와 용서 배려하면
마음속에 가득 찬 아름답고
허한 보약은 샘물처럼 용솟음 춰

모든 이의 사랑과 기쁨과 희망의 샘물은
보약 중에 명약이라 할까요

비판과 칭찬

남의 허물을 찾아 비판하기 전
자신의 마음의 거울 앞에
자신의 허물을 비쳐보면 너무 부끄러울 것이요
남의 허물을 늘 덮어주는
배려하는 마음은 어떨까요

칭찬하는 마음은 받는 사람보다
하는 사람은 복중에 복, 행복의 꽃이
마음속에 피어나 열매 맺어
사랑과 평화와 축복의 영원한 영광 길로
가는 지름길이지요

두려움이란

초조 공포 좌절
불안한 생각은 모든 사람들의 적
두려움을 잊으려 하면
더욱 더욱 어두워지는 마음만 찾아온다

마음속에 가득 찬 불안안 생각
천 근 만 근 무거운 마음에
짐을 벗어 버리고
마음을 비우면
나는 행복합니다

행복만을 생각하면
아침 안개처럼 두려움 사라진다

원망과 감사

원망하는 마음은
스스로 고통의 길로 추락하는 마음
모든 일을 부정적으로 생각하면
원망스러운 일만 찾아온다

감사하는 마음은 행복의 집과
축복과 영광의 길로 가는 지름길
모든 일을 긍정적으로 행하면
감사한 일만 찾아온다

원수와 은혜

원수란 무엇인가
모든 사람들에게 고통을 주는 것
크나 작으나 갚지 말자

은혜란 무엇인가
모든 사람들에게 도움을 주는 것
크나 작으나 은혜를 갚자

마음의 향기

눈으로 보이지 않는 향기
마음의 향기 상처 받은
모든 이를 치유하는 마음의 향기

얼음 같은 이의 마음
돌 같은 마음 죄악에서 헤매는 마음
마음의 향기 향기로운 눈같이 녹았네

모든 사람들의 슬픔과 고통에
등불을 밝히는 마음과 향기
행복과 평화와 영광의 지름길 마음의 향기

친구

진실로 반갑고
진정으로 고맙고
정말로 기쁘다

나그네의 갈길 인도하는
영원한 우정의
꽃향기 나누는 친구여

마음의 때

육신의 더러운 때는
욕탕에서 모두 밀어버리고

마음의 추악한 때는
어디에서 밀어줄까

신의 능력으로
깨끗이 밀어버릴까

말없이 떠나간 당신

1.
말 한마디 못하고 떠나간 당신
난 어찌하라고 떠나가면
다시 못 올 나라가 어디냐고요
장애인 나를 두고 떠나야 할 내님
약속하오 떠나야만 하나
약속하오 당신마냥 그리워

2.
별들에게 물어봐도 달님에게
물어봐도 소식이 없는 님아
산새에게 물어봐도 소용없는
떠나가면 난 어찌하라고
정말 정말 무정한 당신
꿈속에서 본 당신 마냥 그리워

3.
내 영혼 당신에게 보낼 수 있다면
내 무엇을 못 하겠소

꿈에 본 당신 애만 태우는
님아 님아 만나보고 싶소
만날 날이 언제인가요
당신이 마냥 그리워
당신만을 사랑해

칭찬하는 마음

우리 마음속에는 칭찬보다
질책하는 마음
원망과 시기하는 마음이
항상 가득 차 있습니다
칭찬은 우리를 행복과
웃음의 길로 인도하지요
허물 많은 사람은
칭찬보다 질책을 좋아하지요
질책의 마음을 흐르는
강물에 떠내려 보내면
내 마음은 행복과 평화가
찾아와 반기지요
칭찬은 받는 사람보다
칭찬해줄 줄 아는 사람이 복 받는 비결
칭찬하는 마음 고운 마음
질책하는 마음 미운 마음

아름다운 마음

아름다운 마음은
구름 밖의 신선을
두루 불러들이고

맑은 향기는
모든 이의 마음을
행복과 평화의
길로 인도 한다

아름다운 마음의
향기는 모든 이의 축복과
영광의 길로 가는 지름길…

삿갓 쓰고 안전지도

삿갓 쓰고 오늘도 내일도 안전지도
눈이 오나 비가 오나 바람이 불어도
교통안전이 으뜸이지요

천사 같은 우리 어린이들
웃는 미소 아름다운 아침 인사
오늘도 행복의 날은 밝아옵니다

귀염둥이 천사 같은 우리 어린이
무럭무럭 잘 자라
이 나라 큰 기둥이 되어라

아름다운 내 조국은 꿈과
희망이 샘솟는 가산초교 어린이
광명의 빛은 밝아오리라

보고 싶은 아들

이른 아침 눈을 비비고 눈을 뜨니
하늘나라로 떠나간 아들이 문득 떠오른다

상처 난 가슴을 추슬러 밖으로 나가
황금 들녘에 노랗게 익은 들판을 바라보니
더욱 그리워지는 아들 생각

밤이 되어 하늘을 바라보니
달님 별님 환하게 웃은 미소
너의 얼굴 같구나
나를 진정 기쁘게 하는구나

바다와 바위

그대의 바다, 바위는 그리움인가
수많은 세월 흘러가도 깊은 사랑
누가 알까
밀려왔다 떠나가는 야속한 파도
말 못할 사연만 남기고
서로가 추억을 되새기면서 고백한다
사랑은 부서지고 닳아지도록
멍들어도 산산조각
나는 잊을 수도 막을 수도 없다
사랑이 바다인지 바위가 사랑인지
그 누구도 모르겠네
진실한 노래 부르면서
닮아가고 있네

주는 기쁨

많이 베풀어라
주는 마음은
건강해지는 마음

욕심이 많으면
평안을 찾을 수 없구요
욕심이 많으면
죄를 잉태하지요

베풀면서 살면
신바람 나는 세상이 밝아온다오

꿈과 그리움 속으로

어릴 적 가졌던 수많은 꿈은
점점 아련하기만 합니다

멀리 사라지는 꿈은
실현하기는 힘들어도

소박한 꿈속에서
희망과 행복을 찾을 수 있지요

꿈과 희망과 그리움을 밝혀주는
작은 등대가 되고 싶습니다

나눔의 행복

나눔의 행복은
우리의 마음을
행복과 사랑의 길로 인도하지요

나눔의 실천은
만복을 받는 비결
마음에 가득한 행복의 샘물
행복을 꽃피워서
사랑의 열매 맺어
행복한 세상을 만들자

나누면 나눌수록
더욱 더 커지는 행복

가을

흘러가는 세월
잡을 수는 없군요
황금 뜰에 누런 곡식
농부들을 부르는
가을 비가 오네요

분주한 농부들
어이할 길 없네요
아프지 말고
바람 같은 인생
상처받지 말고
우리 함께 풍성한 곡식 나누며
가을처럼 풍성하게 사세요

봄바람

바람이 시원하게 불어오고
햇살이 눈부시도록 비추면
아, 나는 이런 날엔
그리운 이에게 꽃을 선물하고 싶어요

내가 좋아하는 장미꽃을
빨간 장미꽃을 한 아름 안고
그리고 아름다운 봄을 전하고 싶어요

세상이 아름다워 보이는 것이
내가 세상을 사랑하는 때문일까요

눈물

때로는 너무나 행복해서
저절로 눈물이 흐를 때도 있고
때로는 슬픔 속에서
행복에 잠기는 순간도 있다

때로는 너무나 화가 나서
눈물이 흐를 때도 있고
때로는 너무나 감사해서
슬픈 때도 있다

따뜻한 세상

더불어 사는 시간이 길어질수록
그 가치는 더 깊어집니다

나누는 추억이 많을수록
그 가치는 더 높아집니다

더불어 꿈꾸는 세상은
희망찬 평화의 세상

함께 나누고 봉사하면
만인에게 따뜻한 세상이 밝아옵니다

소

소야
소야 말도 없는 소야
너는 말없이 인간 세상에
태어나 인간을 위하여
평생을 우리 인간에게 봉사하는구나
너의 진실한 모습이 부럽구나

우리 인간의 참된 친구
진실한 친구여
너는 생명 다 바쳐서 충성하는
나의 모습을 보니
너무너무 부끄럽구나
진실로 부끄럽구나

여보시오 우리 인간네 양반님들
소를 보고 배웁시다
진정한 충성심 희생으로
끝까지 지키는 곧은 마음을
소를 보고 배웁시다
여보시오 우리네 인간님들
소를 보고 스승이라 부르면 어떨까…

초가집

나의 고향 집은 초가집
내 마음의 고향 집은 은 초가집
오막살이 초가집 정든 초가집
망아지와 뛰어놀던 정든 초가집

친구들과 싸움하다 들켜서
종아리 맞던 고향집
아버지께 사친회비 안 준다고 심술부린
내 마음의 집이
여전히 쌀가마니처럼 쌓여있는 초가집

누가 누가 뭐래도
나는, 나는 진정 그리운 나의 고향의
정든 초가집이 제일 좋아요.
마음의 고향, 육신의 고향
정든 나의 고향집이 제일 좋아요
나는 빌딩보다도
도시의 어떤 건물보다도
고향의 정든 초가집이
더 좋아요
정말 좋아요

하늘나라에 계신 당신에게

하늘나라에 계신 당신
무엇을 하고 있는지 궁금하군요
어젯밤 꿈속에서 당신을 만났지요
하늘나라에서 꽃밭을 가꾸고 있을까
사랑하는 아들과
옛날이야기 하고 있을까
무엇을 하고 있는지 궁금하군요
여보! 하늘나라에는 114 전화가 있는지
알 수 없군요
다음 꿈속에서는
전화번호 좀 알려주오 여보

내가 행복한 이유

나 그대들 때문에 홀로 설 수 있었고
나 그대들 때문에 흉측한 이 몸도
부끄럽지 않을 수 있게 이렇게 내보일 수 있었소

가끔 가다 빈 깡통처럼 버려졌다 느꼈는데
버려진 깡통이 그대들 때문에 이렇게
평화의 안식을 누릴 수 있었고
그래서 난 그대들을 진실로 사랑한다

비록 버려졌겠지만
그대들 때문에 환희가 넘치고
나 천국에 올라가서도
그대들을 미워하지 않고
고이고이 뜨거운 가슴에 안고
그대들을 생각할 것이다

가산실버대학 교가

태백산 큰 줄기 정기 받은
우리의 전당 우리의 안식처
바라보는 왕방산 화려한 수원산
가산 뜰 벌판길이 길이 빛날 우리 대학
가산 실버대학 영원히 빛나리

가산 뜰에 우뚝 솟은 우리의 모교
자손들의 앞길을 영원히 밝히리
이 나라 짊어지고 나갈 큰 일꾼
우리의 후손 우리의 큰 기상 빛나리
아, 아 우리의 모교 가산 실버대학
영원히 빛나리

이현재 수필가의 이모저모

이현재 수필가의 이모저모

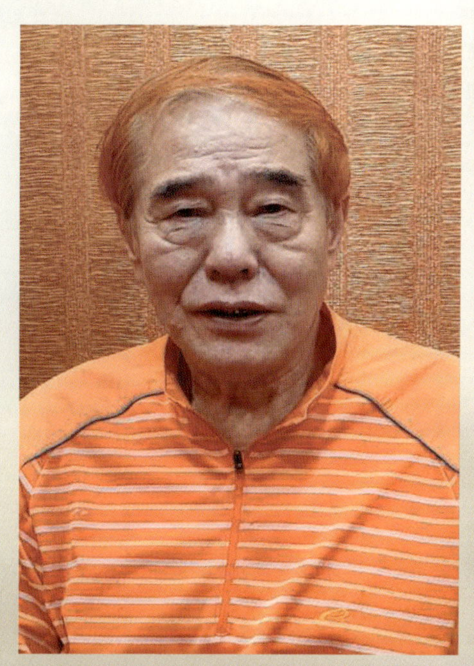

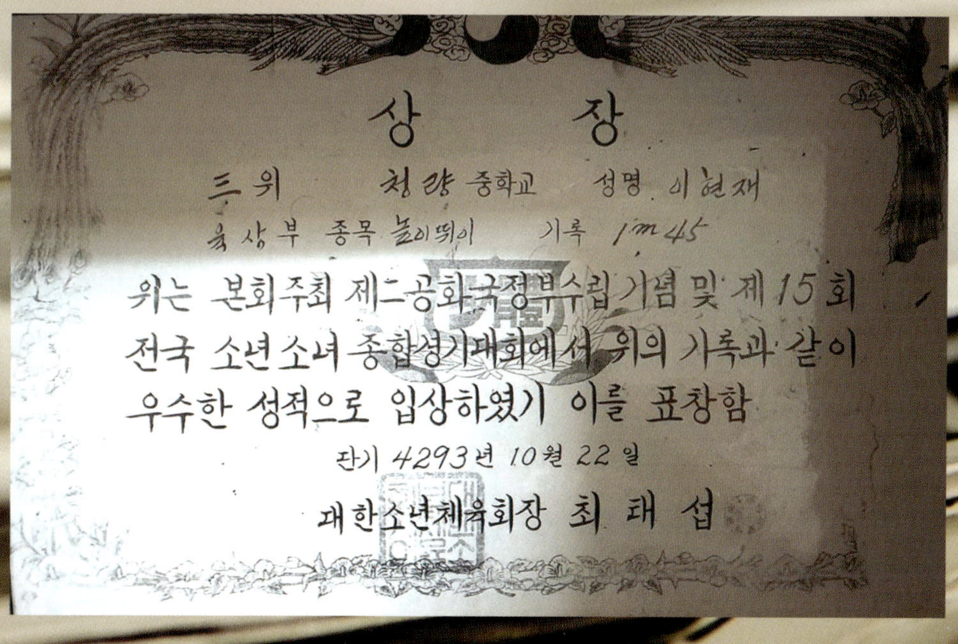

상 장

三위 청량 중학교 성명 이현재

육상부 종목 높이뛰이 기록 1m45

위는 본회주최 제二공화국정부수립 기념 및 제 15 회
전국 소년소녀 종합성기대회에서 위의 기록과 같이
우수한 성적으로 입상하였기 이를 표창함

단기 4293년 10월 22일

대한소년체육회장 최 태 섭

제 205 호

감 사 장

포천군 가산면 마산리 440
가족계획계도요원
이 현 재

귀하는 봉사 정신으로 지역사회 발전에 이바지 하였을 뿐만 아니라 특히 1984년도 상반기 인구증가 억제 대책 추진에 기여한 공이 크므로 이에 감사장을 드립니다.

1984년 12월 21일

경기도지사 이 해

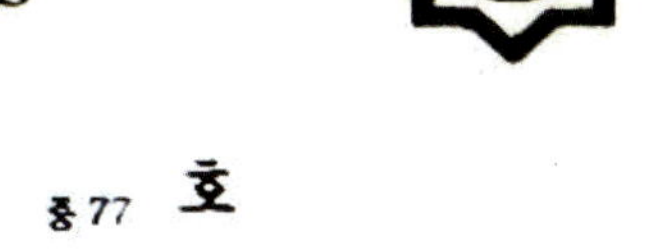

제 종77 호

이용사면허증

성명: 이 현 재 주민등록번호 450314 생년월일 1945. 3. 14

본적: 경기도. 남양주군. 별내면. 퇴계원리. 73

주소: 경기도. 포천군. 가산면. [illegible]. 181-2

이용사 및 미용사법 제3조의 규정에 의하여 위 사람에게 이용사의 면허증을 교부함

19 86 년 3 월 14 일

서울특별시장 인

제 7193 호

표 창 장

포천군 가산면 마산리 181-2

이 현 재

귀하께서는 평소 지극한 애향심과 봉사 정신을 발휘하여 지역사회 개발과 희망찬 번영의 포천 건설에 이바지한 공이 크므로 제19회 포천군민의 날을 맞이하여 이에 표창합니다.

1988년 10월 20일

포 천 군 수 천 명 수

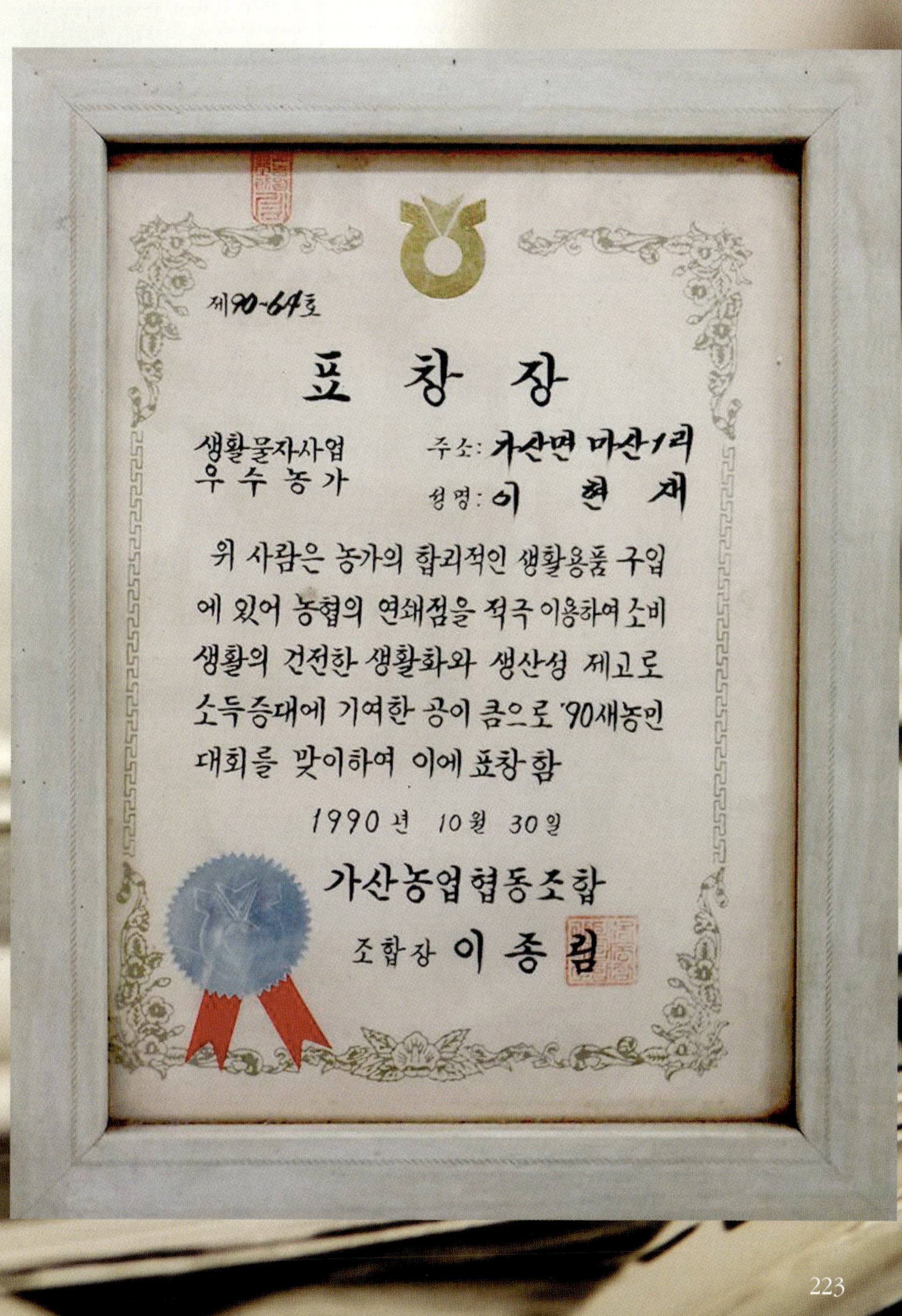

제90-64호

표 창 장

생활물자사업
우수농가

주소: 가산면 마산1리
성명: 이 현 재

위 사람은 농가의 합리적인 생활용품 구입에 있어 농협의 연쇄점을 적극 이용하여 소비생활의 건전한 생활화와 생산성 제고로 소득증대에 기여한 공이 큼으로 '90새농민대회를 맞이하여 이에 표창함

1990년 10월 30일

가산농업협동조합

조합장 이 종 림

공 로 패
주소 : 가산면마산리400번지
성명 : 이 현 재
직책 : 방 호 부 상
근무기간 : 1980. 2. 2~1991. 1. 24
본면 주민의 재산과 생명을 화재로부터 보호하시고 마을과 지역발전을 위하여 헌신 봉사 노력하여 오시다가 이재방호부장직을 떠나 심에 있어 그 동안의 노고에 보답코저 그 뜻의 고마움을 이 패에 새겨 드립니다.
1991. 2 6
가산면 방위협의회
면장 오 신 식

第 31 號

任 命 狀

姓名 : 이 현 재

위 사람을 민주당 연천군·포천군지구당

부위원장 으로 任命함.

199 5 年 10 月 1 日

민주당 연천군·포천군지구당
委員長 尹 成 鎭

제 982104 호

표 창 장

가산면 마산리 400

이 현 재

귀하께서는 평소 남다른 경로효친 사상과 봉사정신을 몸소 실천하여 포천군 노인복지 증진에 기여한 공이 지대하므로 그 뜻을 기리고자 제2회 노인의 날을 맞이하여 이에 표창합니다.

1998년 10월 2일

포천군수 이 진 호

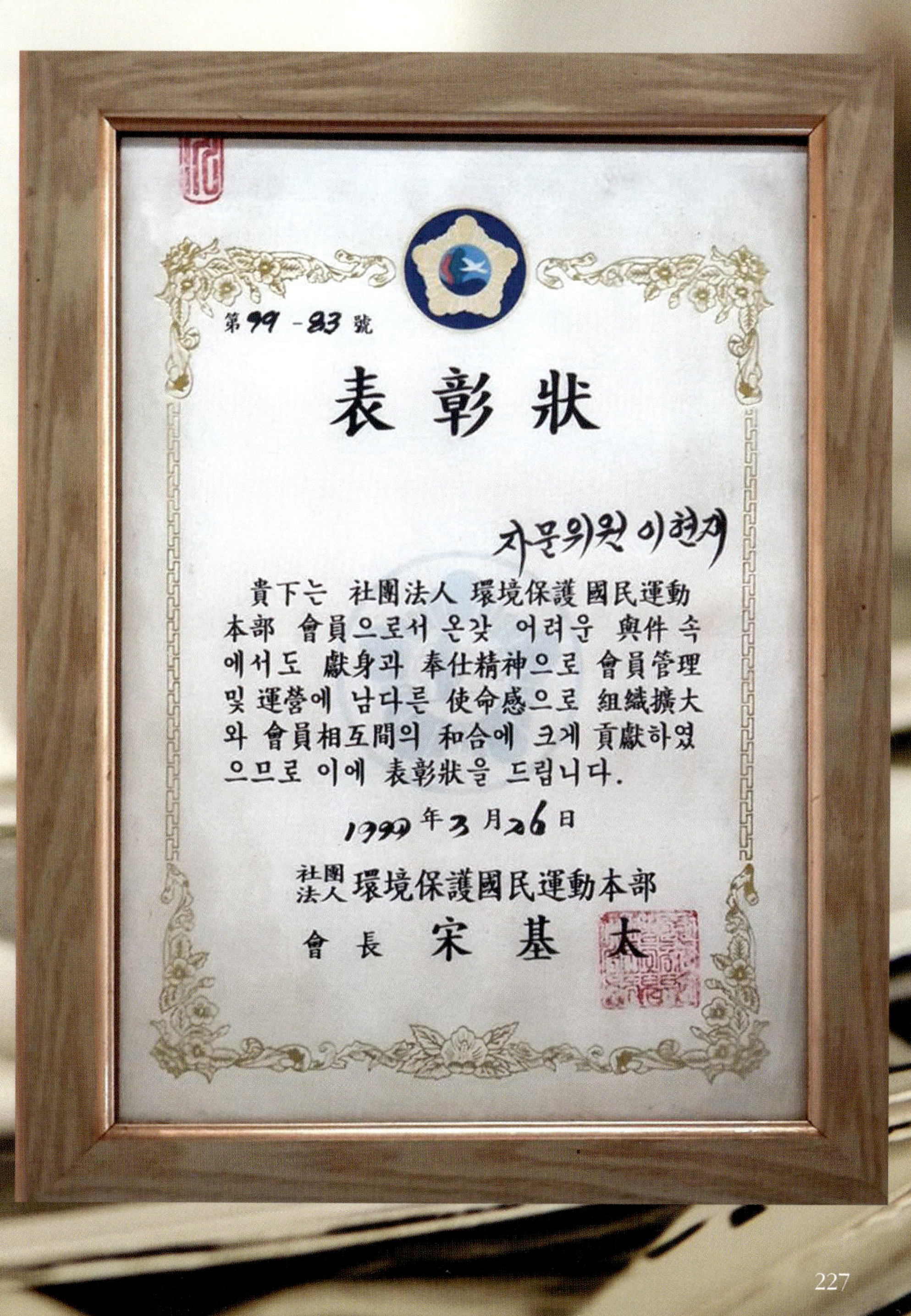
第 99 - 83 號

表彰狀

자문위원 이현재

貴下는 社團法人 環境保護國民運動本部 會員으로서 온갖 어려운 與件 속에서도 獻身과 奉仕精神으로 會員管理 및 運營에 남다른 使命感으로 組織擴大와 會員相互間의 和合에 크게 貢獻하였으므로 이에 表彰狀을 드립니다.

1999 年 3 月 26 日

社團法人 環境保護國民運動本部

會長 宋基太

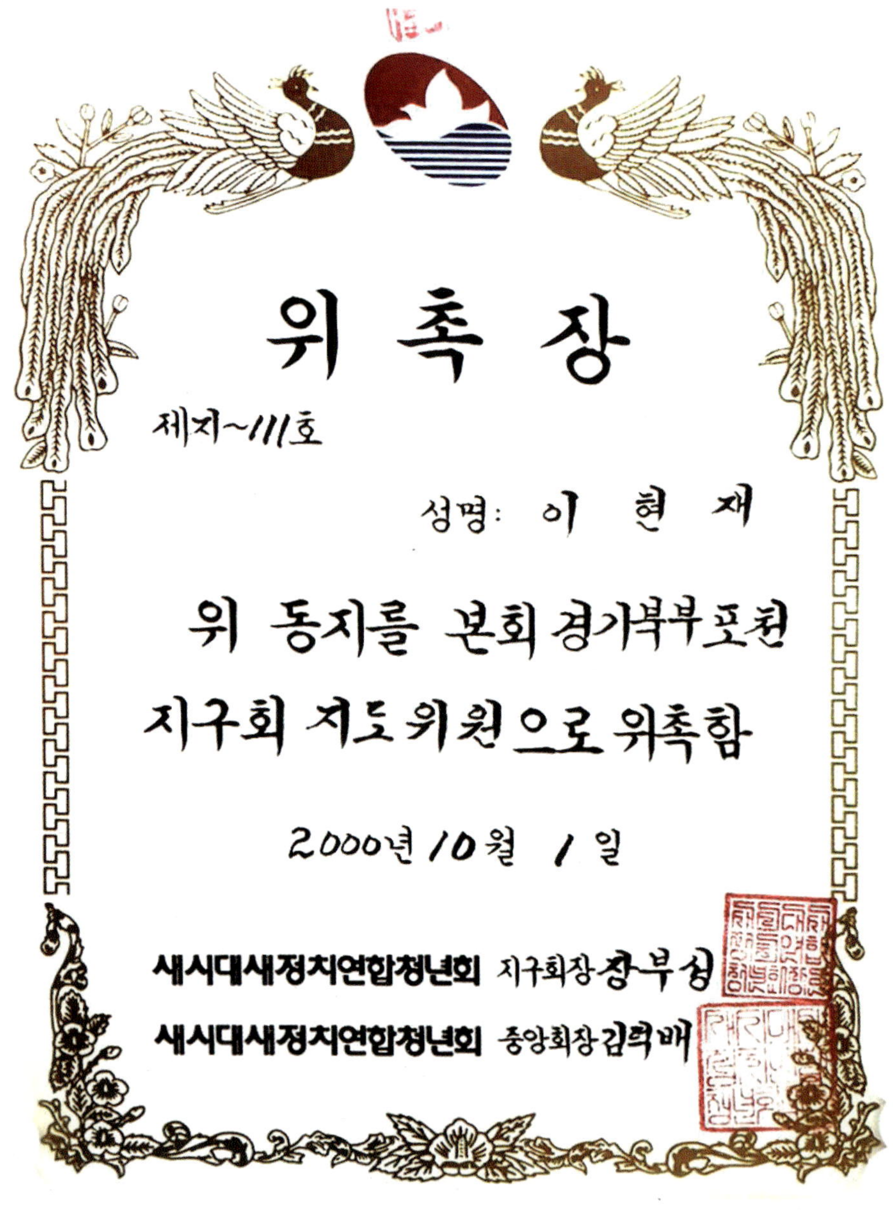
위 촉 장

제지~111호

성명: 이 현 재

위 동지를 본회 경기북부포천 지구회 지도위원으로 위촉함

2000년 10월 1일

새시대새정치연합청년회 지구회장 장부심

새시대새정치연합청년회 중앙회장 김학배

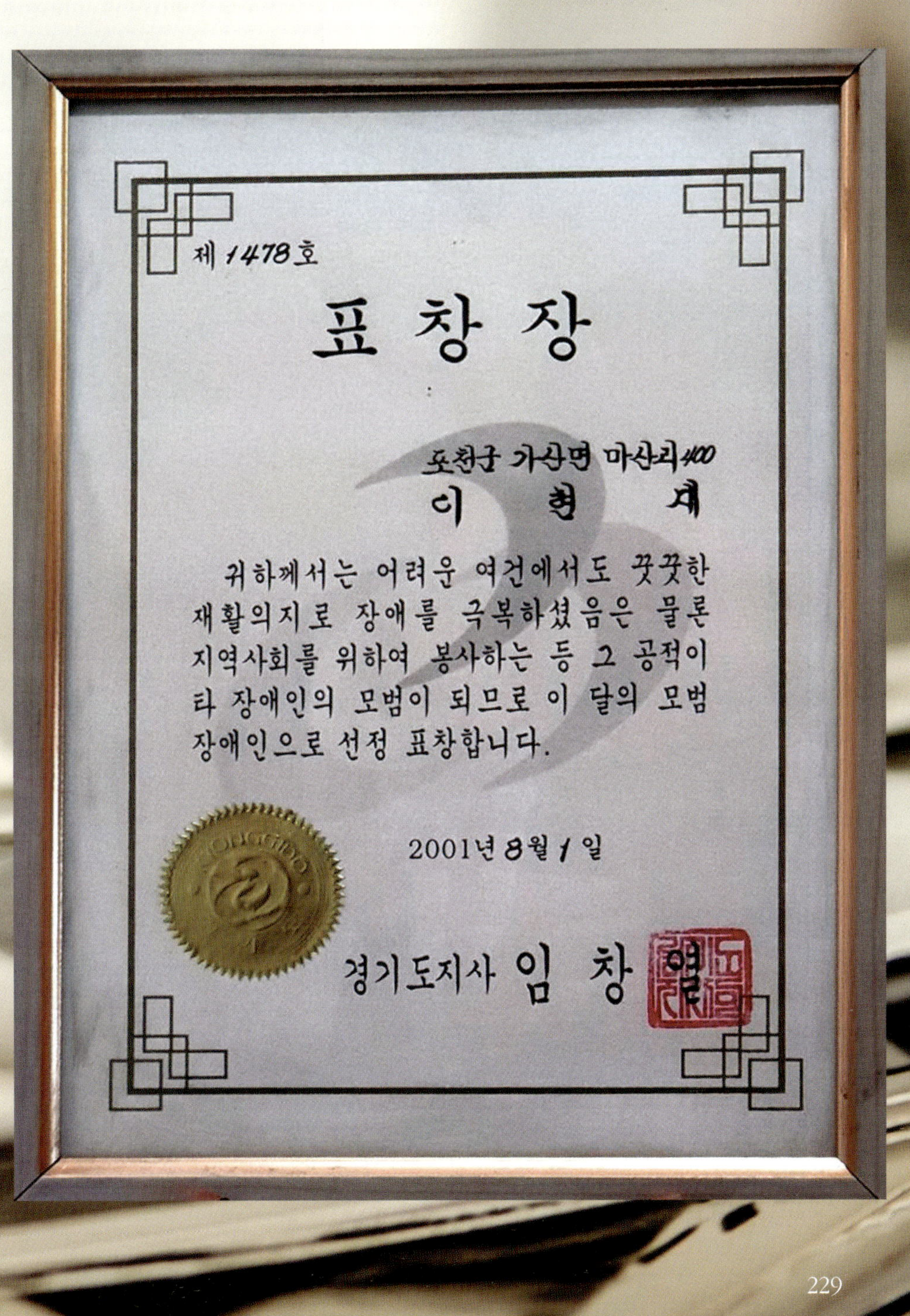

제 1478 호

표 창 장

포천군 가산면 마산리 400

이 현 재

귀하께서는 어려운 여건에서도 꿋꿋한 재활의지로 장애를 극복하셨음은 물론 지역사회를 위하여 봉사하는 등 그 공적이 타 장애인의 모범이 되므로 이 달의 모범 장애인으로 선정 표창합니다.

2001년 8월 1일

경기도지사 임 창 열

제 571 호
감 사 패
가산면 마산리
이 현 재
귀하께서는 평소 투철한 사명감과 애향심으로 지역사회 발전에 헌신하셨을 뿐 아니라 특히 어려운 여건속에서도 불우이웃돕기와 장애인 복지향상에 기여하신 공이 지대하므로 그 뜻을 기려 이 패를 드립니다.
2001년 11월 12일
포천군의회 의장 서 장 원

새천년민주당
第선대-02-046號
任命狀
姓名: 이 현재
위 사람을 새천년민주당 대통령선거
중앙선거대책위원회 연. 포천지구당
선대위 부위원장으로 任命합니다.
2002 年 11月 22日
새 천 년 민 주 당
제16대 대통령후보 노 무 현
중앙선거대책위원회 위원장

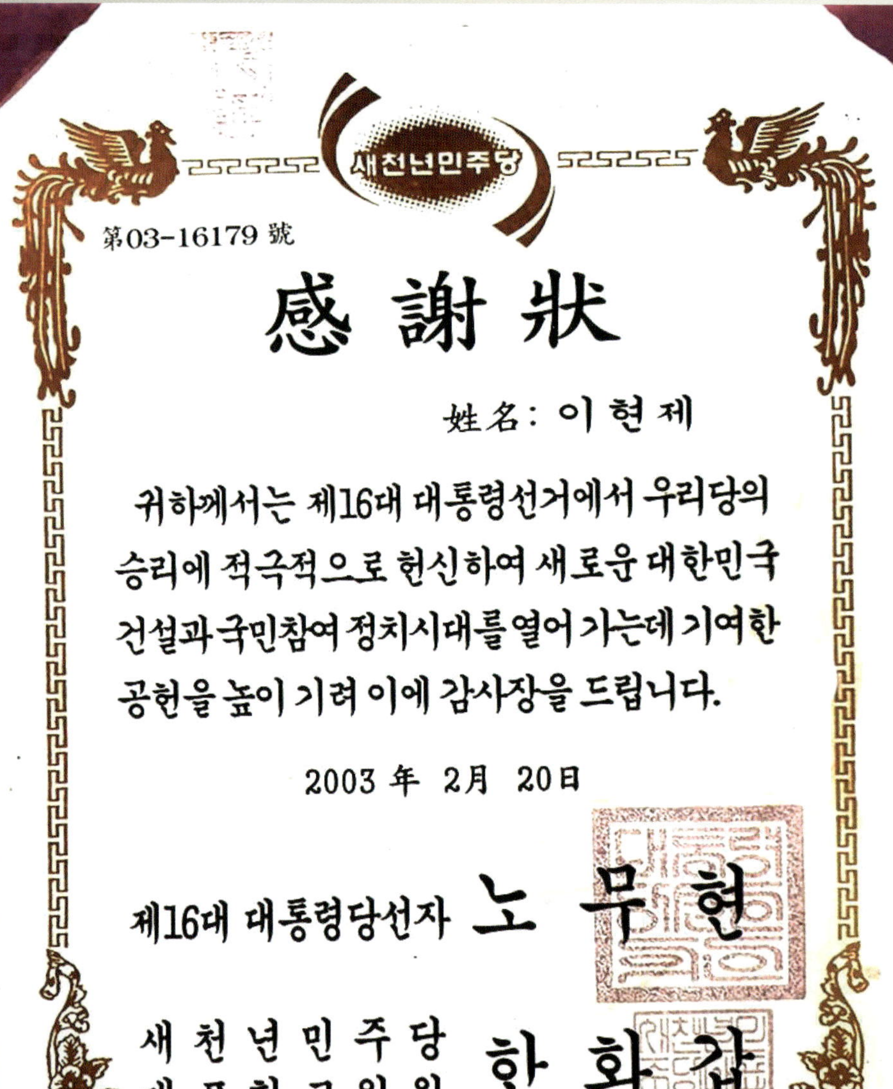
새천년민주당
第03-16179 號
感謝狀
姓名: 이 현 제
귀하께서는 제16대 대통령선거에서 우리당의 승리에 적극적으로 헌신하여 새로운 대한민국 건설과 국민참여 정치시대를 열어 가는데 기여한 공헌을 높이 기려 이에 감사장을 드립니다.
2003 年 2月 20日
제16대 대통령당선자 노 무 현
새 천 년 민 주 당
대 표 최 고 위 원 한 화 갑

PCS
제2004-82호
위 촉 장
성 명: 이 현 재
주민번호: 450314-1025448
주 소: 가산면 마산리 616
평소 남다른 애향심으로 지역사회발전을 위해 말없이 봉사해오신 귀하를 포천신문 조사위원회 정관 제11조 및 제12조 규정에 의거하여 포천신문 조사위원으로 위촉합니다.
위촉년월일 2004년 9월 7일
포천신문 발행인 최 호 열

임 명 장

성명 : 이 현 재

귀하를 경기북동부 선대위 고문으로 임명함

2007년 8월 24일

대통합민주신당
대통령예비후보 정 동 영

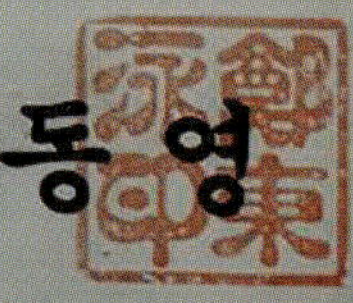

표 창 장

문화복지분과위원
이 현 재

위 위원은 평소 희생과 봉사를 몸소 실천해 봉사활동의 귀감이 되었으며 특히 실천사업에 적극 참여하여 포천의제21 활성화에 기여한 공이 지대함으로 2010년 정기총회를 맞이하여 그간의 노고를 치하하며 표창장을 드립니다.

2010년 2월 25일

포천의제21실천협의회
공동의장 유 희 만

제2012-1294호

표 창 장

가산면 선마로 153
이 현 재

귀하는 평소 『시민중심 행복도시』 시정 구현을 위하여 헌신적인 참여와 협력을 아끼지 않으셨을 뿐만 아니라 특히, 무료이발 봉사활동을 통해 더불어 살아가는 훈훈한 분위기 조성에 기여하신 공이 크므로 이에 표창장을 드립니다.

2012년 11월 17일

포천시장 서 장 원

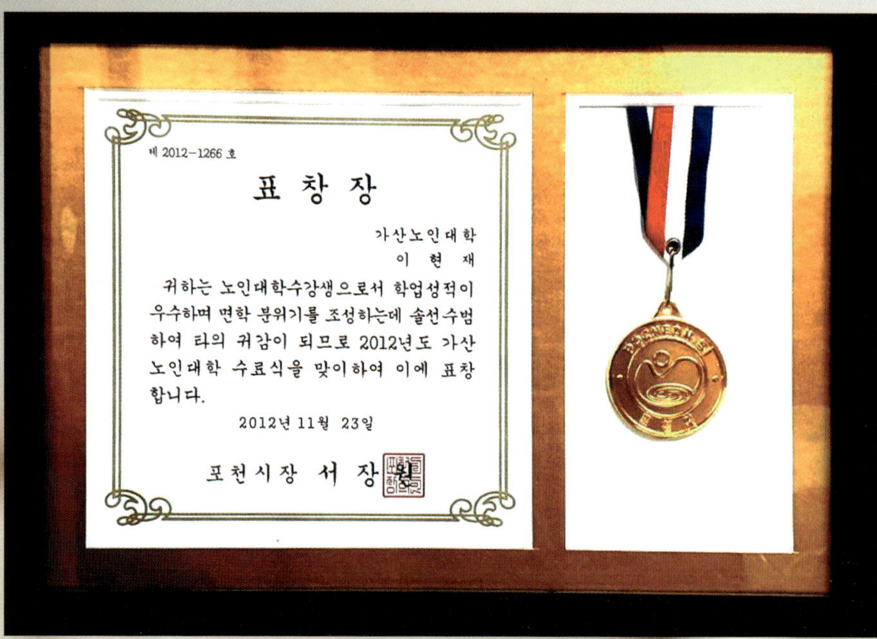

제 2012-1266 호

표 창 장

가산노인대학
이 현 재

귀하는 노인대학수강생으로서 학업성적이 우수하며 면학 분위기를 조성하는데 솔선수범 하여 타의 귀감이 되므로 2012년도 가산노인대학 수료식을 맞이하여 이에 표창합니다.

2012년 11월 23일

포천시장 서 장 원

제 1186 호

표 창 장

포천시 가산면
이 현 재

귀하는 평소 남다른 사명감과 봉사정신으로 지역사회 발전에 헌신하여 왔을 뿐만 아니라 특히 소외계층에 대한 봉사활동을 통해 이웃사랑을 실천해 왔기에 표창합니다.

2012년 8월 30일

경기도의회의장
윤 화 섭

제 2013-16 호

수 료 증

성 명 : 이 현 재

귀하께서는 2013. 5. 1~6. 1 까지 포천시와 포천문인협회가 후원. 시행한 제10기 포천문예대학을 수료하였으므로 포천문학발전에 기여한 공로를 인정하여 이 수료증을 드립니다.

2013년 6월 1일

포 천 시 장 서 장 원

포천문인협회장 이 원 용

제 18 호

감 사 장

가산면 마산리
이 현 재

귀하께서는 평소 경찰에 대한 깊은 이해와 관심을 가지고 치안행정에 적극 협조하여 왔으며 특히 협력치안 활동으로 경찰행정 발전에 기여한 공이 크므로 이에 깊은 감사를 드립니다.

2014년 5월 28일

포천경찰서장
우 희 주

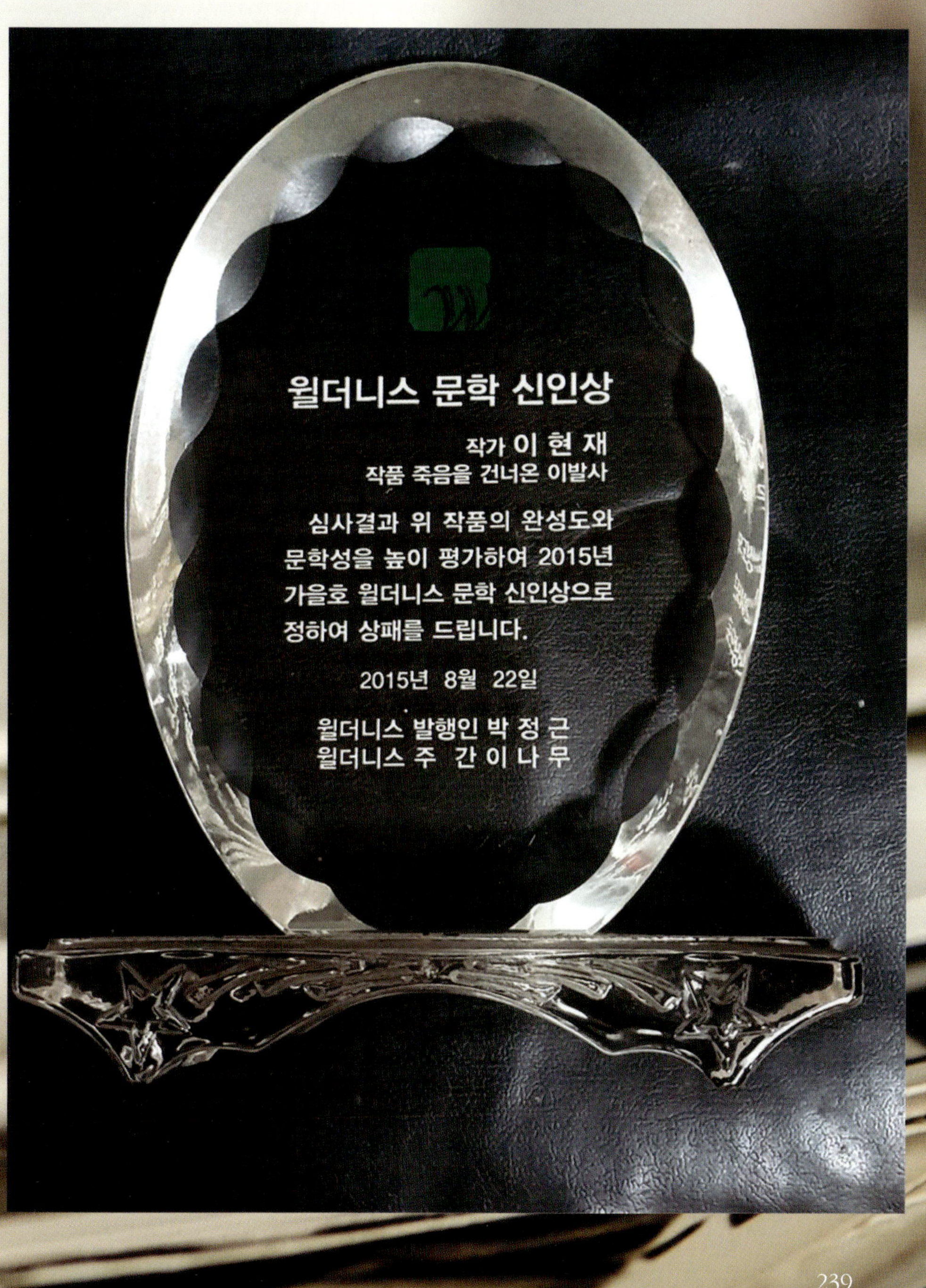
월더니스 문학 신인상
작가 이 현 재
작품 죽음을 건너온 이발사
심사결과 위 작품의 완성도와
문학성을 높이 평가하여 2015년
가을호 월더니스 문학 신인상으로
정하여 상패를 드립니다.
2015년 8월 22일
월더니스 발행인 박 정 근
월더니스 주 간 이 나 무

이 도서의 국립중앙도서관 출판예정도서목록(CIP)은 서지정보유통지원시스템 홈페이지(http://seoji.nl.go.kr)와 국가자료종합목록 구축시스템(http://kolis-net.nl.go.kr)에서 이용하실 수 있습니다.
(CIP제어번호 : CIP2020038255)

이현재 문집

죽음을 건너온 이발사

초판인쇄일 2020년 9월 21일
초판발행일 2020년 9월 25일

지은이 : 이현재
발행인 : 김순진
편집장 : 전하라
디자인 : 김초롱
펴낸곳 : 문학공원
등 록 : 2004년 3월 9일 제6-706호
주 소 : 우편번호 03382 서울 은평구 통일로 633
녹번오피스텔 501호 스토리문학사
전 화 : 02-2234-1666
팩 스 : 02-2236-1666
홈페이지 : http://cafe.daum.net/yob51
이메일 : 4615562@hanmail.net

※ 책값은 뒤표지에 있습니다.